바이블랜드
교회들 1

바이블랜드
교회들 1

© 생명의말씀사 2015

2015년 6월 10일 1판 1쇄 발행

펴낸이 ǀ 김재권
펴낸곳 ǀ 생명의말씀사

등록 ǀ 1962. 1. 10. No.300-1962-1
주소 ǀ 서울시 종로구 경희궁1길 5-9(110-062)
전화 ǀ 02)738-6555(본사) · 02)3159-7979(영업)
팩스 ǀ 02)739-3824(본사) · 080-022-8585(영업)

지은이 ǀ 조현삼

기획편집 ǀ 유선영, 김현정
디자인 ǀ 윤보람
인쇄 ǀ 영진문원
제본 ǀ 정문바인텍

ISBN 978-89-04-16510-0 (04230)
  978-89-04-70015-8 (세트)

저작권자의 허락없이 이 책의 일부 또는 전체를
무단 복제, 전재, 발췌하면 저작권법에 의해 처벌을 받습니다.

BIBLE LAND

바이블랜드 교회들 1

걷고 보고 느끼며 배운 성경 속 교회 이야기

조현삼

■ **차례**

프롤로그　6

1　바이블랜드　　　　　　　　　　　　　　　**26**
—성경의 역사가 펼쳐졌던 그 땅 이야기

바이블랜드의 두 나라, 이스라엘과 팔레스타인 ｜ 이스라엘 ｜ 팔레스타인 ｜
이스라엘교회 팔레스타인교회

2　기브온　　　　　　　　　　　　　　　　**62**
—솔로몬이 하나님께 일천 번제를 드렸던 그곳

솔로몬은 왜 기브온 산당에서 일천 번제를 드렸을까? ｜ 기브온교회

3　미스바　　　　　　　　　　　　　　　　**92**
—사무엘이 이스라엘 백성들을 향해 '회개하라' 외쳤던 그곳

사무엘과 산당 ｜ 미스바교회

4　길갈　　　　　　　　　　　　　　　　　**124**
—하나님과 사람의 자리가 뒤바뀐 그곳

사울 왕의 헤드쿼터는 어디일까 ｜ 놉 땅에서 생긴 일 ｜ 성막 분실 사건 ｜ 길갈교회

5　아둘람 굴　152
― 사울을 피해 도망 다니던 다윗이 숨었던 그곳

아둘람 굴로 도망한 다윗 ｜ 아둘람굴교회

6　엔게디　182
― 다윗과 사울이 다시 만난 그곳

엔게디 굴로 도망한 다윗 ｜ 엔게디교회

7　브솔 시내　196
― 다윗의 지친 군대가 머물렀던 그곳

블레셋 땅 시글락으로 망명한 다윗 ｜ 브솔 시내를 향하여 ｜ 브솔시내교회

8　기럇여아림　214
― 하나님이 언약궤를 맡기신 사람들이 살았던 그곳

기브온 사람들 ｜ 기럇여아림교회

9　다윗 성　234
― 회개와 용서, 회복이 있는 그곳

왕이 된 다윗 ｜ 여호와의 궤 찾아 오기 축제 ｜ 성전을 건축하고 싶어한 다윗 ｜ 그 사건 ｜ 다윗성교회

프롤로그

* 더 많은 바이블랜드 자료들을
확인하실 수 있습니다.

이 책에는 성지순례라는 익숙한 표현 대신 성경지리연수라는 조금 낯선 표현이 나옵니다. 아무래도 이렇게 바꿔서 표현하는 이유를 먼저 설명하는 것이 순서일 것 같습니다.

성경지리연수

성지 → 성경지리

일반적으로 성지(聖地, Holy Land)순례라고 할 때, '성지'가 사전적으로 종교의 발상지, 종교적인 유적이 있는 곳을 의미하기 때문에 성경의 역사가 펼쳐진 땅을 성지라고 하는 것에는 무리가 없습니다. 그러나 이것이 혹여라도 그 땅만을 성지라고 오해하게 한다면, 성지라는 표현을 자제할 필요도 있습니다. 왜냐하면 예수를 믿는 우리가 사는 땅, 그 땅은 어디든지 성지, 거룩한 땅 곧 홀리 랜드(Holy Land)이기 때문입니다. 그래서 저는 성지 대신 성경지리(Bible Land)라는 표현을 씁니다. 지리는 어떤 곳의 지형이나 길 따위의 형편을 일컫는 말입니다. 성경지리라고 하면 성경의 배경이 되고 성경의 역사가 일어났던 곳의 지형이나 길 따위의 형편을 의미합니다.

순례 → 연수

순례라는 표현도 조금은 생각할 여지가 있습니다. 순례(pilgrimage)의 의미를 국립국어원이 발행한 표준국어대사전은 이렇게 정의하고 있습니다.

「1」 종교의 발생지, 본산(本山)의 소재지, 성인의 무덤이나 거주지와 같이 종교적인 의미가 있는 곳을 찾아다니며 방문하여 참배함.
「2」 여러 곳을 찾아다니며 방문함을 비유적으로 이르는 말.

우리 그리스도인들은 참배하러 그 땅에 가는 것이 아닙니다. 그리스도인들은 순례를 위 사전의 「1」과 같은 의미로 사용하지 않습니다. 그저 성지 여행의 다른 표현 정도로 순례를 이해하고 사용합니다.

단어의 원래 의미에 지나치게 매일 필요는 없습니다. 그 단어의 원래 의미가 '성지에서의 참배'이지만, 우리가 그것을 그런 의미로 이해하지 않고 다른 의미로 생각하고 그 단어를 사용하고 있다면, 그 단어의 또 다른 의미 하나가 만들어진 것입니다. 언어는 시대가 변하면서 그 의미가 변하는 것들이 많습니다. 이런 의미에서 순례라는 표현을 사용하는 것을 너그러운 마음으로 수용할 필요도 있습니다. 하지만, 더 좋은 표현이 있다면 그것을 사용하는 것이 유익할 것입니다. 더 좋은 표현이 어떤 것이 있을지를 함께 고민해 볼 필요가 있습니다. 이런 측면에서 저는 이것을 연수(Field Study)라고 표현했습니다. 답사도 괜찮을 것 같습니다.

그 땅을 공부하기 위하여

그런데 반복적으로 성경지리연수라고 하다 보면, 줄여 쓰고 싶어집니다. 성경지리를 줄여서 '성지'라고 할 수 있지 않을까요. 이후에 성지연수라고 표기한 것은 한글로도 성지, 한문으로도 聖地지만 성경지리연수(Field Study in Bible Land)의 줄임말로 봐 주시기 바랍니다.

이렇게 이름을 성경지리연수라고 바꾸어 부르는 데는 이유가 있습니다. 이름을 바꾸면 그 땅에 가는 목적이 분명해집니다. 우리는 그 땅을 순례하기보다 그 땅을 공부해야 합니다. 하나님의 말씀인 성경을 좀 더 잘 알고 깨닫기 위해 그 땅 공부가 필요합니다. 성경지리는 성경만큼이나 열심히 공부해야 합니다. 지리 공부를 하면 공간이 머릿속에 전개됩니다. 지형이 들어오고 방향이 감지되며 날씨가 느껴집니다. 그 땅의 넓이와 길이와 높이와 형편이 입체적으로 파악됩니다. 그러면 성경을 읽을 때, 느끼는 차원이 달라집니다. 그릿 시냇가 관련 내용을 읽을 때, 자신이 머릿속으로 그린 시냇가가 아니라 그 땅의 시냇가가 보입니다.

또한 성경을 읽을 때 지명이 들어오면서 거리감이 느껴집니다. 예를 들어 아브라함이 조카 롯을 구하러 단까지 쫓아가서 구출해 온 성경 기사를 읽으면, '야, 아브라함 대단하다. 좋은 땅을 택해 떠난 조카를 그 먼 단까지 가서 구해 오다니' 하는 생각이 저절로 듭니다. 이 성경 말씀을 읽을 때 아브라함의 수고가 느껴집니다.

"오늘 아침 대구에 심방 갔다 삼척에 들러 교구 식구 장례를 집례하고 왔습니다." 이 말을 들을 때, 지리를 아는 사람과 지리를 모르는 사람의 느낌과 반응에는 차이가 있습니다. 지리를 아는 사람의 반응은 "목사님, 많이 피곤하시겠네요. 급한 일 아니니까 나중에 뵈어요" 입니다. 지리를 모르는 사람은 이 말을 듣고도 "목사님, 어디로 가면 뵐 수 있을까요" 입니다.

광야에서 하나님을 원망한 이스라엘 백성들 흉보던 사람들도 그 땅 공부를 하고 그 땅을 체험하고 나면 흉보던 것이 쏙 들어갑니다. 성경이 왜 그렇게 물을 중요하게 다루는지가 그저 이해가 됩니다. 성경을 읽으며 혹시 '예수님이 그때 많이 추우셨겠다'라고 느낀 경우가 있나요? 계절과 현장의 날씨를 함께 경험하면 '낮에는 구름기둥 밤에는 불기둥'의 의미가 설명할 필요도 없이 이해됩니다.

은퇴 기념으로 성지연수를 왔던 목사님이 많이 우셨답니다. 사람들은 그분이 은혜를 받아서 그런 줄 알았습니다. 그러나 그 목사님이 우신 이유는 다른 데 있었습니다. "내가 진작에 성지연수를 했다면, 내 설교가 달라졌을텐데, 내 목회가 달라졌을텐데…." 크게 후회하며 흘린 회한의 눈물입니다. 이와 비슷한 얘기는 성지연수 중에 어렵지 않게 들을 수 있는 에피소드 중에 하나입니다.

교회에서 성경지리를 공부할 수 있도록 허락해 줘서, 몇 년 전부터 매년 겨울, 주로 1, 2월에 긴급재난구호 등 특별한 사정이 없는 한 2주 정도 성경지리연수 기간을 갖습니다. 3년 전부터는 아내와 동행하고 동역자 중에 성경의 땅에서 일 년 정도 연구년을 보낸 목사님이 함께 갑니다. 경우에 따라서는 개척교회 목사님 내외분을 모시고 가기도 하고, 선교사님 내외분을 모시고 가기도 합니다.

성경지리연수를 통해 배우고 깨달은 것이 많습니다. 어떻게 하면 이것을 동역자들과도 나눌 수 있을까 생각했습니다. 좋은 것이 있으면 나누고 싶은 것이 인지상정(人之常情)입니다.

하나님의 은혜로 지금은 매년 겨울이면 교역자들 네 명을 한 조로 묶어 2주간 성경지리연수를 보냅니다. 이 공부를 하고 돌아온 교역자들은 설교가 달라집니다. 설교에 현장의 생생함이 그대로 더해집니다. 아마 의식이 '성지순례'에 머물러 있었다면, 이런 일은 쉽지 않았을 것입니다. 성지순례가 아니라 성경지리연수라고 개념을 바꾸고 나니 교육 전도사님들도 현지로 보낼 수 있습니다. 이들은 지금은 우리 교회 부교역자이지만, 이내 어느 교회를 담임하게 될 것입니다. 미래의 한국 교회 담임 목사님 한 분에게 공부의 기회를 제공한다는 마음으로 교회가 섬기고 있습니다.

성경지리연수 정보 공유

렌터카

현지에서는 차를 렌트해서 움직입니다. 인원수에 맞춰 렌터카 차종을 선책합니다. 성지연수팀은 적게는 세 명, 많게는 여섯 명 정도로 구성합니다. 세 명이 가면 승용차를 렌트하고, 네 명에서 여섯 명이 가면 7인승 카니발 같은 RV차량을 렌트합니다. 현지에서 탑승할 성경지리 강사님 자리는 하나 비워 둬야 합니다. 그 이상이 가면 9인승 승합차를 렌트해야 하는데, 자리도 많이 불편하고, 이스라엘의 경우 차량을 렌트할 때 외국인에게 주는 18% 세금 감면 혜택도 받을 수 없습니다. 여섯 명 이상이 간 경우는 오히려 7인승 RV차량 한 대에 스탠다드 승용차를 한 대 더 렌트하는 것이 비용 면이나 운용 면에서 유리합니다. 이런 경우 승용차를 강사님 '출퇴근' 용으로 배정하면 좋습니다. 다만 이동 중에 차량 두 대 중에 한 대에는 강사님이 탑승할 수 없기 때문에 차 안 강의를 함께 듣지 못하는 아쉬움이 있습니다.

참고로 렌터카는 한국에서 출발하기 전에 가장 저렴한 프로모션을 찾아 주는 사이트(http://rentalcars.com 등)를 통해 예약을 하고 가는 것이 편리하고 저렴합니다. 차를 공항에서 받고 공항에서 반납하면 됩니다. 마음 편하게 렌터카를 사용하려면, 보험료를 조금 더 추가해서 자차손해도 담보하는 보험을 들면 한결 마음이 가벼워집니다.

숙식

초기에는 이스라엘 쪽에 있는 호텔을 이용하다 지인의 소개로 베들레헴에 처음 묵었는데, 경비 부담이 많이 줄었습니다. 그 후 주로 베들레헴에 묵었습니다. 이유는 단순합니다. 비용 절감 때문입니다. 베들레헴은 팔레스타인 땅입니다. 그러다 보니 상대적으로 숙박비가 저렴합니다. 방이 두세 개인 집 전체를 빌리기도 하고, 게스트하우스를 이용하기도 합니다. 집을 전체를 빌리면 식사를 해 먹을 수 있다는 이점이 있습니다. 게스트 하우스를 이용할 경우 아침은 제공됩니다. 외식을 하는 경우도 간혹 있지만, 점심은 도시락을 싸 가지고 다닙니다. 아내가 함께 가기 때문에 밥 걱정은 없습니다. 연수 기간 동안 매끼를 사 먹는다면, 그 값이 만만치 않습니다. 베들레헴 숙소를 겨울에 이용하면 비용이 저렴한 대신 추운 건 좀 감안해야 합니다. 내복은 필히 가져가야 합니다. '예수님이 탄생하실 때 많이 추우셨겠다'는 생각을 한 것도 베들레헴에서입니다. 그러나 일주일간 일부러 초막에 거하는 절기인 초막절을 체험한다는 심정으로 지내면 추운 것도 은혜가 됩니다.

베들레헴은 과일과 야채 값이 저렴합니다. 오렌지를 비닐 봉지에 가득 담아도 천 원짜리 두세 장이면 됩니다. 처음 베들레헴으로 숙소를 정했을 때, 이 사실에 흥분했습니다. 마침 그릇 가게에서 오렌지와 석류 등을 짜서 바로 즙을 내는 수동 프레스 기구를 팔았습니다. 몇 만 원을 주고 샀습니다. 오렌지와 석류를 가로로 반을 잘라 얹어 놓고 손잡이를 잡고 내려 누르면 아래로 즙이 흘러내립니다. 아침마다 생과일

주스를 짜서 먹는 즐거움이 컸습니다. 너무 좋아 돌아올 때, 그 무거운 쇳덩이를 싸들고 왔습니다. 그러나 한국에 돌아와서 한두 번 해 본 후에 더 이상 못했습니다. 우선은 오렌지 값이 비쌌고, 도무지 그 비싼 오렌지를 즙만 짜내고 건데기가 껍질에 많이 붙어 있는 채로 버릴 수가 없었습니다. 그래서 다음 해 성지연수 가면서 도로 가지고 가서 현지에 있는 선교사님들에게 선물로 드렸습니다.

성지에서의 연수 일정은 대부분 베들레헴 숙소에서 당일에 갔다 다시 돌아오는 일정이지만, 갈릴리에 갈 때는 며칠간 갈릴리에 숙소를 잡아야 합니다. 이때는 통나무 집을 빌리기도 하는데, 베들레헴 집보다 많이 '럭셔리'(?)합니다. 물론 값도 꽤 나갑니다. 베들레헴에 숙소를 정하면 아침저녁으로 무장한 이스라엘 군인들이 지키고 있는 검문소 곧 체크포인트를 통과하는 것을 일상이려니 해야 합니다. 여러 해를 그곳에서 보내서 그런지 만나는 아랍 아저씨, 아주머니가 동네 이웃집 사람같이 느껴집니다. 하지만, 이스라엘로 유학이나 선교를 와서 예루살렘에 거주하는 분들을 만나 이야기를 나누다 베들레헴에 묵고 있다고 하면, 뜨악하면서 되묻습니다. "베들레헴이요?" 이 말 속에는 '그 위험한데를 숙소로 정했느냐'는 것을 포함해, 여러 의미가 담겨 있습니다. "별 뜻은 없습니다. 그냥 싸서요." 그리곤 웃습니다. 다음에는 예루살렘에 방을 얻어 성지연수를 할 생각입니다. 혹여라도 다른 이유나 뜻이 있어 팔레스타인 지역에 거처를 정하는 것으로 오해받는 일은 없었으면 해서요.

자료 정리 및 리포트

　성지연수를 갈 때는 짐이 많습니다. 카메라를 풀세트로 챙겨 갑니다. 그러면 그 무게만도 10kg이 넘습니다. 기념 사진보다 자료 사진 위주로 촬영합니다. 사진은 그날그날 촬영한 날짜와 장소 이름으로 폴더를 만들어 정리합니다. 하루에도 폴더가 수없이 만들어 집니다. 성경지리연수를 마치고 돌아와서는 이 자료 사진들을 성경지리연수 자료 담당 교역자에게 전달합니다. 교회에서는 이 자료를 하드디스크로 옮겨 저장합니다. 저장할 때는 연도와 성경지리연수자 이름 폴더로 하나 저장하고, 사진들을 장소별로 분류해서 해당 장소 폴더에 저장해 성경지리 사진 자료를 데이터베이스화 합니다. 성경 공부나 설교 중에 사진 자료가 필요하면 그때 해당 장소 폴더 안에서 찾으면 됩니다. 만약 아둘람 사진이 필요하다면, 아둘람 폴더를 열면 됩니다. 그 폴더 안에 그동안 수 년에 걸쳐 아둘람을 방문했던 모든 성경지리연수자들(저를 포함한 교역자들)이 촬영한 아둘람 사진이 있습니다. 그중에서 필요한 사진을 골라 사용하면 됩니다.

　성경지리연수 때, 낮에는 성경의 땅을 돌아보며 강사님을 통해 현장수업을 합니다. 이 일을 위해 현지에서 강사를 섭외합니다. 가이드가 아닌 그 땅 공부를 시켜 줄 강사입니다. 저녁이면 돌아와 성경을 통해 그날 공부한 성경의 땅을 연구합니다. 그리고 그것을 사진과 함께 교회 홈페이지에 올립니다. 성지연수를 할 수 없는 성도들을 향한 사랑이자 성지연수를 보내 준 교회에 대한 감사입니다.

이것은 성지연수 기간 동안 매일같이 반복되는 일상입니다. 성경의 땅에서 알고 깨달은 것을 사랑하는 성도들과 함께 나눌 생각을 하면, 가슴이 뛰고 힘이 납니다. 성지연수를 마치고 돌아올 때까지 40꼭지 정도 글을 씁니다. 글에는 현장의 감동이 그대로 묻어 있습니다. 이 책도 이렇게 현장에서 쓴 글들이 기초가 되었습니다.

성경지도를 그리다

성경지도를 만들어 가는 과정

이렇게 현장에서 글을 쓰고 사진을 정리해서 교회 홈페이지에 올리다 보니, 숙소를 정할 때 기준은 와이파이가 가능한지 여부입니다. 추워도 와이파이만 되면 오케이입니다.

성지연수 중에 현장에서 글을 쓰다 보니, 이해를 돕기 위해 그 땅 지도를 넣어야 할 필요가 생겼습니다. 처음에는 기존에 나와 있는 지도들을 출처를 밝히고 인용해서 사용했습니다. 그러나 이것도 한두 번이지요. 그래서 시도한 작업이 지도를 그리는 일입니다.

2013년 성지연수를 마치고 돌아와 2월 19일, 교회 홈페이지(http://sls.or.kr)에 성경지도를 그리러 간다는 글을 올리고 지도를 그리러 들어갔습니다. 다음은 당시 홈페이지에 올린 글입니다.

성지연수 중에 귀국하면 성경지도를 만들어야겠다는 마음이 들었습니다.

귀국해서부터 이것이 마음에 가득 차서 조금도 움직이지를 않습니다.

지금 온 마음이 성경지도로 가득 차 있습니다.

어제는 광화문에 있는 교보문고를 다녀왔습니다.

성경지도 제작에 필요한 책들을 구하기 위해서입니다.

이번에 보니 지도 자료들도 참 다양하다는 것을 확인했습니다.

그중에는 아쉬운 지도들도 있었습니다.

그렇기 때문에 여러 자료들, 특별히 권위 있는 자료들을 참고해야 합니다.

두 시간 가량 서점에 머물며

이런저런 자료가 될만한 책들을 구입했습니다.

밤에 집에 들어갔습니다.

구입한 책을 손에 든 것이 실수(?)였던 것 같습니다.

그만 시간이 넘어가고 말았습니다.

억지로라도 잠을 좀 자야겠다는 마음을 먹었지만,

그러면 그럴수록 마음은 성경지도로 충만해졌습니다.

이른 아침 교회 비전하우스로 나왔습니다.

제 방에 있던 성경지도 관련 책들을 펼쳐 읽었습니다.

지도가 이렇게 재미있기는 처음 있는 일입니다.

우리 청년 중에 일러스트 프로그램을 잘 다루는 청년이 있습니다.

마침 그 청년이 시간이 된다고 해서 '아르바이트'를 부탁했습니다.

그러고는 컴퓨터 앞에 앉아서

구글에서 검색한 현대 바이블랜드 지도를 바탕으로

일러스트 기본 작업을 시작했습니다.

오후 4시가 되어 기초 작업이 끝났습니다.

이제 그 지도를 바탕으로

구약과 신약의 상황들을 그 위에 그리는 작업이 남았습니다.

아무래도 집중해서 해야 할 것 같은 마음입니다.

그래서 가까운 곳에 펜션 하나 잡아 달라고 했습니다.

교역자 몇 명과 일러스트를 잘하는 청년과 함께 갑니다.

가서 저를 포함한 교역자들은 지도를 선정하고

초안을 만드는 작업을 하면,

우리 청년은 그것을 일러스트 프로그램으로 그려 줄 것입니다.

지도가 완성되면 저작권에 구애받지 않고 이것을 제작해서

사랑하는 성도들에게 나눠드릴 수도 있고,

작은 책으로 만들어 나눌 수도 있습니다.

성경 공부를 하는데 어쩌면 성경지도는 필수적인 것 같습니다.

지명을 알고 성경을 읽는 것과 그냥 읽는 것의 차이가 큽니다.

지도 제작을 한다고 하니 교역자들이 많이 기뻐하고 있습니다.
그동안 성경 공부를 가르치는 중에
지도를 복사해 나눠 드리지 못하고
혼자만 봐야 했던 안타까움에서 벗어날 수 있기 때문입니다.
3일 정도를 예상하는데,
이 짧은 기간 동안 하나님께서 얼마나 일들을 진척시키실지는 모릅니다.
한 가방 자료를 싸들고,
컴퓨터와 프린터 등 장비를 챙겨서 지금 출발합니다.

가능하면 이번 학기 때부터
지도를 복사해서 나눠 드릴 수 있는 '원본'을 만들고 오겠습니다.
함께 기도해 주세요.
사랑합니다.

처음에는 며칠만 시간을 내면 성경지도를 그릴 수 있겠다고 생각했습니다. 그러나 그것은 큰 오해였습니다. 그 후로 오늘까지도 지도 그리는 작업은 계속되고 있습니다. 지금은 저도 어도비(Adobe)사에서 나온 일러스트레이터와 인디자인 프로그램을 배워 직접 작업하기도 합니다. 왜냐하면 매번 수정할 때마다 부탁을 해야 하는 것이 번거롭기도 하고 미안하기도 해서 그랬습니다. 세계 각 나라 이름과 수도 이름 그리고 주요 도시, 중도시, 소도시까지 일일이 넣었습니다. 이 일을 위해 모진찬 목사님이 많이 수고했습니다. 산맥을 그려 넣고 섬들을 찾아 하나하나 이름을 넣는 작업은 오랜 시간을 필요로 했습니다. 일러스트를 다룰 줄 아는 우리 청년들 몇 명의 '아르바이트' 형식의 수고와 섬김이 있었습니다. 지금도 어느 나라 수도가 바뀌면 그에 맞춰 지도 파일을 바꿔 줘야 합니다. 어떤 나라의 국경이 바뀌면 지도에 그것도 반영해야 합니다.

하나님이 만드신 아름다운 세계

이렇게 해서 세계지도가 만들어졌고, 성경지도가 만들어졌습니다. 제 사무실 뒤에는 이렇게 해서 그린 세계지도가 붙어 있습니다. 그 지도에는 '광염인의 사역지'라는 타이틀이 붙어 있습니다. 이렇게 만든 세계지도를 '하나님이 만드신 아름다운 세계'란 타이틀을 달아 신문 펼침면보다 두 배나 큰 종이에 인쇄해서 전교인들에게 나눠 주기도 했습니다. 그날의 기쁨은 잊을 수 없습니다. 세계지도의 타이틀을 '하나님이 만드신 아름다운 세계'로 붙이고 났더니 세상을 다 얻은 것 같았습니다. 그 지도가 바로 이 세계지도입니다.

하나님이 만드신 아름다운 세계

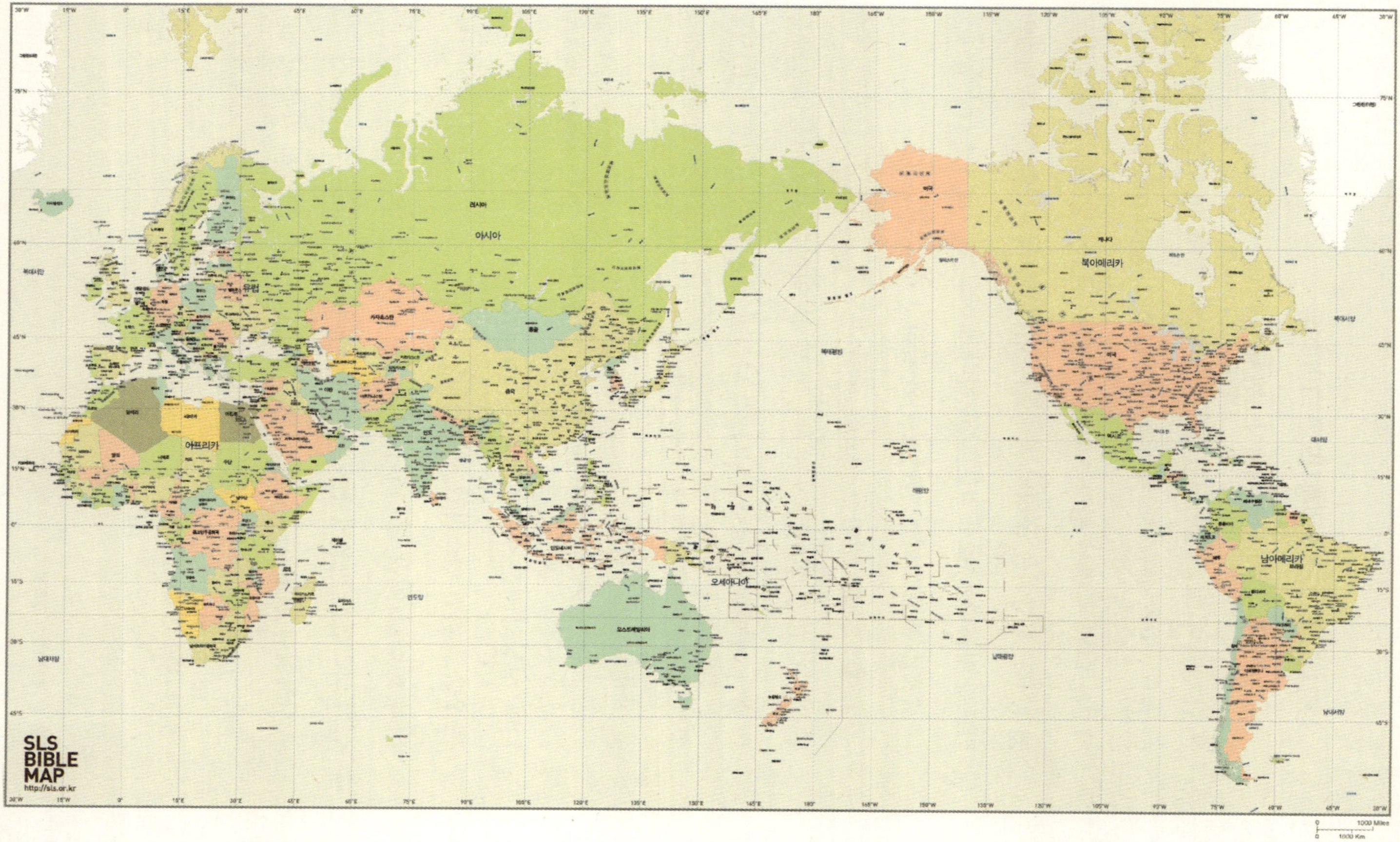

성경지도를 그리다 세계지도를 그린 이유

성경지도를 그리려다 세계지도까지 그린 것은 바로 이 세계지도를 한 번 만들어 보고 싶어서입니다. 온 세상을 향해, 세계는 하나님이 만드셨다는 것을 세계지도를 통해 선포하고 싶었습니다. 성도들에게 이 지도를 나눠 주면서 원하는 대로 가져다 자녀들 방마다 붙여 주라고 했습니다. 사랑하는 우리의 자녀들이 어려서부터 이 세상이 '하나님이 만드신 아름다운 세계'임을 알고 자라게 하고 싶었습니다. 부모들에게는 세계를 품고 자라는 자녀로 키워 달라고 부탁했습니다.

이 세계지도를 받아든 성도들 중에 지도에 표시된 각 나라의 색에 관심을 갖고 그 의미를 찾는 분들이 몇 분 있었습니다. 나름대로 추론을 하다 제게 묻기도 했습니다. 각 나라별 색은 의미가 없습니다. 지도 전체의 색 조화를 염두에 두고 그저 옆 나라와 구분하기 위해 다른 색을 사용한 것입니다.

세계지도를 그린 또 하나의 이유는 성경지리의 범위가 넓기 때문입니다. 성경의 땅은 예루살렘만이 아닙니다. 성경의 역사가 펼쳐졌던 땅은 오늘로 하면 이스라엘, 팔레스타인, 요르단, 시리아, 레바논, 이집트, 터키, 이라크, 이란 등입니다. 그뿐 아닙니다. 로마를 비롯해 지중해 연안의 나라들은 바울의 전도 여행의 무대입니다. 성경의 역사를 지도에 표시하려면 세계지도의 상당 부분이 필요합니다. 그래서 아예 세계지도를 그리고 그중에 필요한 지역을 부분적으로 발췌해서 사용하기로 했습니다.

세계지도를 그리면서 지리 공부를 많이 했습니다. 세계지도가 다, 우리가 늘 봐서 익숙한 세계지도처럼, 대한민국이 중앙에 있는 줄 알았습니다. 지도를 그리기 위해 각 나라 세계지도를 참고하다 보니 우리나라가 오른쪽 끝자락에 가 있는 세계지도도 있었습니다. 지도를 만든 나라가 자기 나라를 중심에 놓고 그리다 보니 생긴 일입니다. 이 책에 있는 지도들은 이런 과정을 거쳐 그린 지도들입니다. 참고로 이 지도는 성경지리를 설명하는 데 사용하기 위해 만든 그래픽 지도입니다. 정밀하고 정확한 지도가 필요한 경우는 지도를 전문으로 만드는 회사에서 전문가들이 만든 지도를 사용해야 합니다.

바이블랜드에서 인생·목회·교회를 배우다

성경과 성경의 땅은 공통점이 있습니다. 성경도 그냥 보면 종이와 활자지만 그 안에 깊고 오묘한 진리가 들어 있는 것처럼, 바이블랜드도 그냥 보면 돌덩이고 무너진 고대 건물 잔해들이지만 그 가운데 성경 말씀을 깨닫게 해 주는 단초들이 들어 있습니다. 성경의 땅에서 성경에 귀를 기울이면, 들리는 소리가 있습니다. 그중에는 그 땅에서만 들을 수 있는 소리도 있습니다.

성경지리연수를 갈 때, 처음에는 땅을 공부하러 갔습니다. 성경의 땅, 성경의 역사가 펼쳐졌던 땅 공부를 하다, 성경의 땅에서 성경을 통해 인생을 배우고, 삶을 배우고, 목회를 배우고, 교회를 배웠습니다. 성경의 땅이 마치 제게 '너는 이래야 한다. 목회는 이렇게 해야 한다. 교회는 이래야 한다'고 외치는 것 같았습니다. 성지연수 중에 여러 차례 이런 고백을 했습니다.

'아, 하나님이 원하시는 인생은 이런 것이구나.'
'하나님이 원하시는 목회는 이런 것이구나.'
'아, 하나님이 원하시는 교회는 이런 교회구나.'

성경지리연수를 하면서 배운 것이 많습니다. 성경의 땅에 가지 않았다면, 그 땅을 공부하지 않았다면 놓쳤을 것들을 많이 알고 깨달았습니다. 성경을 깊이 있게 읽게 된 것도 유익입니다. 성경의 땅에서 성경을 통해 배우고 깨달은 것들을 나누고 싶은 마음이 들어 이 책을 썼습니다. 성경의 땅에서 배우는 인생, 목회, 교회를 '바이블랜드 교회들' 속에 모두 담았습니다. 교회는 사람입니다. 교회는 예수 믿는 사람들의 공동체입니다. 예수 믿는 사람들이 교회고, 그들의 삶이 교회고, 그 사람들을 섬기는 것이 목회입니다.

한 권에 모두 담기에는 분량이 많아 나눠서 내기로 했습니다. 책 제목 뒤에 숫자 '1'이 붙어 있는 이유입니다. 책 내용을 성경의 역사 순서대로 배열하는 것이 일반적이지만, 순서로는 뒤에 나와야 할 솔로몬이 일천 번제를 드린 기브온 산당을 앞에 배치했습니다. 왜 솔로몬은 기브온 산당에서 일천 번제를 드렸을까. 이게 궁금해서 이것부터 다루었습니다. 그 다음부터는 역사순입니다.

1

바이블랜드
(BIBLE LAND)

오늘의 바이블랜드에는 두 교회가 있습니다. 이스라엘교회와 팔레스타인교회입니다. 두 교회에서 같은 복음이 전해졌습니다. 예수가 전해졌습니다. 예수가 그리스도임이 선포되었습니다. 그럼에도 이스라엘교회 성도들은 이스라엘이라는 민족을, 팔레스타인교회 성도들은 팔레스타인이라는 민족의 벽을 넘지 못하는 것 같습니다. 신앙이 민족을 넘어서지 못하는 것 같아 안타깝습니다. 예수 안에서는 분명 하나인데, 하나여야 하는데 어떤 면에서는 여전히 둘입니다. 예수 믿는 유대 사람과 예수 믿는 팔레스타인 사람으로 구별만 되어야지 분리되어서는 안 됩니다.

바이블랜드의 두 나라, 이스라엘과 팔레스타인

성경의 무대가 된 땅, 곧 성경지리현장은 예루살렘을 중심으로 이스라엘과 팔레스타인 그리고 주변 나라 대부분입니다. 그 땅들의 현재 모습은 우리의 관심사입니다. 성경의 역사가 펼쳐졌던 모든 땅의 '오늘'을 여기서 모두 살펴보기는 무리지만 그중 성경의 주 무대가 되었던 땅에서 오늘을 살고 있는 현대의 이스라엘과 팔레스타인을 살펴보려고 합니다.

한 땅에 두 나라

성지연수를 처음 가서 이스라엘과 팔레스타인이 한 땅에서 살면서 겪는 분쟁의 현장을 목도하면 당혹스러워집니다. 그 땅의 오늘을 성지 연수 강사님들이 나름대로 설명해 주지만, 쉽게 정리되거나 이해되지는 않습니다. 우리나라도 남북이 분단되어 있습니다. 그래도 우리나라는 남과 북이 좌우로 바다를 두고 휴전선이 그어져 있기 때문에 그곳에서만 남과 북이 대치합니다. 그러나 이스라엘과 팔레스타인의 경우는 땅 안에 땅이 있는 형태입니다. 이스라엘 땅 안에 팔레스타인이 있는가 하면, 팔레스타인 땅 안에 이스라엘이 있습니다. 요단 강을 기준으로 동쪽은 요르단, 서쪽은 이스라엘과 팔레스타인입니다. 요단 강 서쪽에 이스라엘과 팔레스타인이 위치하고 있습니다. 팔레스타인은 서안지구와 가자지구로 나눠져 있습니다. 이 두 지구는 워낙 세계 뉴스에 자주 등장해서 그 이름은 누구나 한 번쯤은 다 들었을 것입니다. 지도에서 서안지구와 가자지구를 찾아 보세요.

    지도에서 보는 것처럼 가자지구는 지중해에 접해 있고, 서안지구는 요르단 국경에 접해 있습니다. 그렇다면, 가자지구와 서안지구는 팔레스타인 영토이고 그 외는 이스라엘 영토일까요? 그렇다고만 해도 그 땅을 이해하는데 어려움이 덜 할 것입니다. 그런데 팔레스타인 땅에 이스라엘 사람이 들어가서 삽니다. 이것이 유대인 정착촌(Jewish Settlement)입니다. 또한 이스라엘 땅에 팔레스타인 사람들이 이스라엘 시민권을 갖고 살기도 합니다. 팔레스타인 사람들이 모두 이렇게 하고 있거나, 이렇게 할 수 있는 것은 아닙니다. 우리가 보도를 통해서 익히 알고 있듯이 이스라엘과 팔레스타인 사이에는 분리장벽이 설치되어

현대 이스라엘과 팔레스타인

있습니다. 그러나 다 그런 것은 또 아닙니다. 이스라엘과 팔레스타인이 민감하게 대립하는 시기에 예루살렘에서 길을 잘못 들어 팔레스타인 지역으로 들어갔다가 낭패를 당한 경우도 있습니다. 이렇게 장벽으로 막히지 않은 팔레스타인 거주 지역도 있습니다. 예루살렘 성만 해도 네 개의 쿼터로 나뉘어져 있습니다. 유대인 구역, 팔레스타인 구역, 기독교 구역, 아르메니아 구역이 있습니다. 쉽게 이해할 수 없는 복잡한 상황입니다.

같은 땅 지도지만
타이틀이 다른 두 나라

성경 공부를 위해 우리 교회는 몇 년 전에 성경의 땅, 성경의 배경이 되었던 땅 지도를 만들었습니다. 그 지도를 처음 만들 때 타이틀이 영어로 'ISRAEL'이었습니다.

2013년 성지연수를 갔을 때, 한 번은 베들레헴에 있는 팔레스타인 교회에서 주일 예배를 드렸습니다. 예배 후에 그 교회를 담임하는 아랍인 목사님과 교제하면서 이 지도를 전달했습니다. 목사님이 아무런 반응도 없이 이 지도를 슬그머니 반으로 접어 한 켠에 내려 놓았습니다. 왜 그러는지 설명이나 내색은 하지 않았습니다. 나중에 알고 보니 지도 타이틀 'ISRAEL'이 마음에 걸렸던 것입니다. 지도에 표시된 땅은 이스라엘과 팔레스타인의 영토인데 그 전체를 이스라엘이라고 표기한 것에 대한 서운함과 불편함을 이렇게 표현한 것입니다.

보도를 통해서만 접했던, 이스라엘과 팔레스타인의 불편한 관계를 몸으로 경험한 날입니다. 성지연수를 마치고 돌아와 지도 개정판을 만들어야겠다고 생각했습니다. 타이틀을 무엇으로 할지 고민을 많이 했습니다. 참고로 이스라엘에서 발행한 지도에는 타이틀이 이스라엘이라고 되어 있고, 팔레스타인에서 발행한 지도에는 팔레스타인이라고 되어 있습니다.

바이블랜드로 통합

지도 개정판을 만들면서 타이틀을 '이스라엘·팔레스타인'으로 할까 아니면 이스라엘 타이틀로 하나, 팔레스타인 타이틀로 하나를 각각 제작할지를 고민하다 타이틀을 '바이블랜드(BIBLE LAND)'로 했습니다. 성경의 땅이라는 의미입니다. 성경의 배경이 되고, 성경의 역사가 펼쳐졌던 땅이라는 의미를 담은 이름입니다. 이스라엘과 팔레스타인을 모두 고려해서 만든 타이틀입니다. 그 후에 다시 성경지리연수를 가서 그 아랍인 목사님에게 타이틀이 바뀐 지도를 전해 드렸습니다. 환한 미소를 지었습니다. 지도를 접지 않았습니다.

바이블랜드에 살고 있는 현대의 이스라엘과 팔레스타인 사람들은 그동안 많은 아픔과 시련을 겪었습니다. 두 민족이 함께 여러 제국들의 식민지로 지내야 했고, 또한 한 땅에서 두 민족이 살다 보니 그들 간의 분쟁 역시 끊이지 않았습니다. 그 땅에 살고 있는 사람들이 아닌, 우리 같은 다른 나라 사람들은 그 땅에 가면 이 둘 중에 어느 한쪽 편을 들기가 쉽지 않습니다. 어느 관점에서, 어느 시점에서 보느냐에 따라 편을 드는 쪽이 달라질 수 있습니다. 오늘 성경의 땅에서 일어나고 있는 양측의 분쟁 가운데 우리는 어느 한 편을 들기보다, 양쪽의 입장을 이해하려는 자세가 필요합니다. 이를 위해서는 이스라엘과 팔레스타인의 이름의 유래를 비롯해 이들에 대해 알 필요가 있습니다.

이스라엘

현대 이스라엘의 국명은 성경에서 따왔습니다.

솔로몬 때까지 이스라엘의 이름은 이스라엘이다

하나님이 야곱에게 새로 지어 주신 이름이 '이스라엘'입니다. 처음에는 이스라엘이 사람 이름으로 출발했는데, 이것이 나중에는 성경 안에서 나라의 이름이 되었습니다. 이스라엘이 하나의 나라였을 때, 사울과 다윗과 솔로몬이 왕으로 다스리던 통일 왕국 시대 때의 나라 이름이 이스라엘입니다.

이스라엘이 남북으로 나눠지다

그러다 나라가 남북으로 나뉘어집니다. 나라가 둘로 나눠지면서 이스라엘 이름은 북쪽이 가져갔습니다. 남쪽은 이스라엘이라는 이름 대신 유대 혹은 유다라는 이름을 썼습니다. 역사에서 분열 왕국 시대 역사를 기술할 때는 북조 이스라엘, 남조 유다로 이 둘을 구분합니다. 성경을 읽을 때 팁입니다. 분열 왕국 시대 이후에 이스라엘이 나오면 북이스라엘을 의미하는 경우가 많고, 유다 혹은 유대라고 하면 남유다를 지칭하는 경우가 대부분입니다.

북조 이스라엘이 앗수르 제국에 멸망하다

이스라엘이 남북으로 나뉘어 지내다 통일을 하지 못한 채로 각각 제국에 점령당합니다. 북이스라엘이 주전 722년 앗수르 제국에 의해 먼저 점령당합니다. 참고로 앗수르의 수도는 니느웨입니다. 오늘로 하면 이라크 북부 티그리스 강 위쪽에 있습니다. 북이스라엘은 앗수르의 혼혈 정책과 이주 정책에 따라 혼합되며 정체성을 잃어버립니다. 그 북이스라엘 사람들의 후예가 예수님 당시 사마리아 사람들입니다. 예수님 당시 유대인들이 사마리아 사람들을 무시하고 경멸한 이유가 바로 이 때문입니다. 남유다 출신들은 자신들은 북이스라엘 사람이 아니라 남유다 사람이라는 것을 강조하기 위해 힘주어 '유대인'이라고 서로를 불렀습니다.

남조 유다가 바벨론 제국에 점령당하고 포로가 되어 끌려가다

남쪽 유다 역시 바벨론 제국에 의해 주전 587년 점령당합니다. 바벨론 제국의 본거지 역시 오늘의 이라크입니다. 이라크는 그 옛날 앗수르 제국과 바벨론 제국의 중심지였습니다. 앗수르는 오늘의 이라크 북부 티그리스 강 주변이, 바벨론은 남부 유프라테스 강 주변이 본거지입니다. 북이스라엘과 남유다가 각기 다른 제국, 앗수르와 바벨론에 점령당한 것으로 미루어 남유다가 멸망할 당시 앗수르라는 제국과 바벨론이라는 양대 제국이 있었던 것으로 생각할 수 있는데, 그런 것은 아닙니다. 북이스라엘을 점령한 앗수르 제국은 주전 609년 바벨론 제국에 의해 멸망합니다.

티그리스 강과 유프라테스 강, 앗수르와 바벨론

앗수르 제국을 멸망시킨 바벨론 제국에 의해 유다는 바벨론으로 포로로 잡혀갔다 70년 만에 돌아와 성전을 재건합니다. 성경을 읽다가 혼돈되는 대목 중에 하나가 이 부분입니다. 유다 백성들을 포로로 잡아간 제국은 바벨론입니다. 그런데 유다가 70년 만에 다시 돌아올 때는 바벨론은 어디 가고 대신 바사가 나타납니다. 바사만 나와도 고개가 갸우뚱해지는데, 또 어떤 곳에서는 메대와 바사 또는 바사와 메대가 나옵니다. 대부분 고개만 갸우뚱하고는 그냥 지나갑니다.

유대를 '먹은' 바벨론 제국을 페르시아 제국이 '먹다'

성경에 나오는 바사를 일반 역사에서는 페르시아라고 합니다. 성경에는 페르시아가 바사라고 표현되어 있어, 성경을 읽으며 바사와 페르시아를 연결시키지 못하기도 합니다. 페르시아는 이란의 옛 이름입니다. 이란 사람들에게는 페르시아 제국에 대한 향수가 있습니다. 우리가 잘 아는 에스더가 페르시아의 왕비입니다.

메대는 메디아라고 합니다. 유명하지 않아서 역사에 관심이 많은 사람들이나 그 이름을 압니다.

메대와 바사는 페르시아가 제국이 되기 전의 도시국가 이름입니다. 메대도 도시국가고 바사도 도시국가였습니다. 도시국가로 있을 당시에는 메대가 바사보다 강성했습니다. 그러다 바사 왕 고레스, 일반 역사에서 통용되는 이름으로는 페르시아 왕 키루스 2세가 주전 550년이 두 도시국가를 통일했습니다. 이것이 페르시아 제국입니다.

주전 539년, 이 페르시아 제국이 유다 백성들이 바벨론에 포로로 잡혀가 있는 동안에 바벨론 제국을 제패했습니다. 표현이 조금 가볍기는 하지만, 이렇게 설명하면 이해는 빠를 것 같습니다. 바벨론 제국이 유다를 먹었는데, 유다를 먹은 바벨론 제국을 페르시아가 먹은 것입니다. 그러다 보니 자연스럽게 유다는 페르시아에 먹힌 것이지요. 평범하게 설명하면, 유다를 점령한 바벨론 제국을 페르시아가 점령함으로 유다는 결과적으로 페르시아에 점령당한 것이 된 것입니다.

성경에 보면 남유다가 세 차례에 걸쳐 포로로 잡혀가는데, 이것은 모두 바벨론 제국 때 일입니다. 유다가 세 차례에 걸쳐 귀환하는데, 이는 모두 페르시아 제국 때 일입니다.

헬라 제국이 페르시아 제국을 무너뜨리다

제국은 영원할 것 같지만, 영원한 제국은 없습니다. 페르시아 제국도 끝이 있었습니다. 주전 333년 헬라 제국의 알렉산더 대왕이 이수스에서 페르시아를 격파합니다. 주전 330년 페르시아 왕 다리우스 3세가 사망하면서 페르시아도 역사 속으로 사라집니다.

이때부터 유대는 헬라 제국의 통치 아래 놓이게 됩니다. 주전 323년, 알렉산더 대왕이 서른 둘의 젊은 나이에 열병으로 세상을 떠납니다. 그 후 알렉산더 대왕의 후계자들 간에 권력 다툼이 벌어집니다. 주전 323년부터 301년까지를 디카이도스(후계자) 시대라고 합니다. 이 시기는 유대 역사에서 헬라 제국 알렉산더 통치 시대라고 분류됩니다.

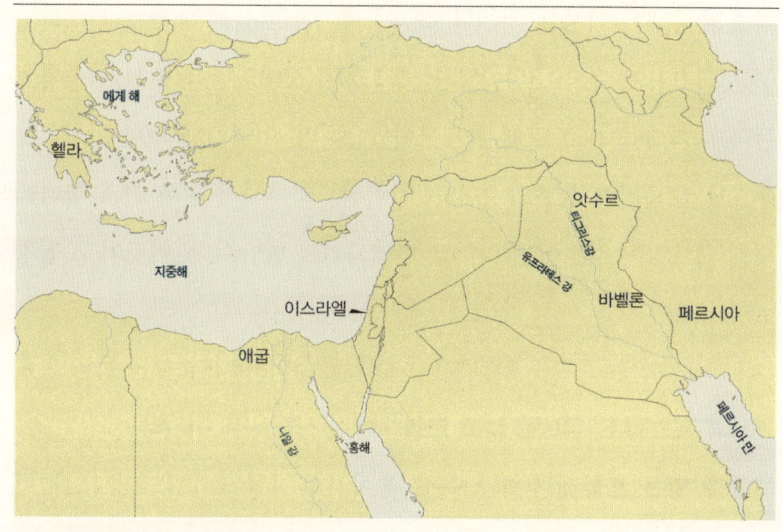

앗수르, 바벨론, 페르시아, 헬라 제국

헬라 제국, 넷으로 분열하다

알렉산더 대왕이 죽은 후, 그의 후계자를 자처하는 장군들이 권력을 놓고 20여 년 간 각축전을 벌이다, 주전 301년 헬라 제국은 넷으로 분열됩니다. 북부 시리아와 메소포타미아 지역은 셀류쿠스, 애굽과 팔레스타인과 남부 시리아 지역은 프톨레미, 소아시아 지역은 리시마쿠스, 헬라 지역인 마게도니야와 그리스는 카산더 왕조가 다스렸습니다.

헬라 제국 프톨레미 왕조가 유다를 다스리다

주전 301년부터 유대 지역을 다스린 왕조는 프톨레미입니다. 역사가들은 유대의 역사를 정리할 때, 이 시기를 프톨레미 왕조 시대라고 구분합니다. 광의적으로는 헬라 제국 통치 시대입니다. 프톨레미 왕조는 유대의 관습과 종교에 관용적이었습니다. 이때 프톨레미 2세의 지원으로 프톨레미 왕조의 수도인 알렉산드리아에서 칠십 인의 학자에 의해 히브리어 성경이 헬라어로 번역되기도 했습니다. 이것이 70인경(LXX)입니다.

셀류쿠스 왕조, 유대를 놓고 프톨레미 왕조와 싸워 이기다

유대 땅을 포함해 유대 남쪽을 통치하던 프톨레미 왕조와 유대 북쪽을 통치하던 셀류쿠스 왕조 간에는 유대 땅을 차지하기 위한 전쟁이 끊이지 않았습니다. 주전 198년, 이 전쟁에서 셀류쿠스 왕조가 승리하면서 유대의 통치권은 셀류쿠스 왕조로 넘어갔습니다. 주전 198년 프톨레미 왕조의 프톨레미 5세와 셀류쿠스 왕조의 안티오쿠스 3세 간에 파니우스 전투에서 안티오쿠스 3세가 승리하면서 프톨레미 왕조가 다스리던 유대는 셀류쿠스 왕조의 통치를 받게 됩니다.

유대의 역사에서 주전 198년까지는 프톨레미 왕조 통치 시대, 주전 198년 이후는 셀류쿠스 왕조 통치 시대라고 분류됩니다. 셀류쿠스 왕조 역시 광의적인 의미에서는 헬라 제국 통치 시대로 분류됩니다.

셀류쿠스 왕조의 강압 통치는 마카비 혁명의 도화선이 되다

셀류쿠스 왕조는 프톨레미 왕조와 달리 강압적으로 유대를 헬라화

하려고 했습니다. 안티오쿠스 4세는 자신을 신의 현현(顯現)이라고 주장하며, 그런 의미인 '에피파네스'(Epiphanes)라고 자신을 칭했습니다. 스스로 신이 된 사람입니다. 그는 주전 168년, 애굽을 정복하러 갔다가 로마가 개입함으로 알렉산드리아 근교에서 로마에 패하고 돌아오는 길에, 예루살렘 성전에서 돼지를 제우스에게 제물로 바치는 일로 유대인들을 모욕하고 우상 숭배를 강요했습니다.

이 일이 계기가 되어 이듬해 모딘이라는 작은 마을의 제사장 맛다디아와 그의 다섯 아들인 요한, 시몬, 유다, 엘리아살, 요나단이 반란을 일으켜 주전 164년 예루살렘 성을 탈환하고 성전을 재봉헌합니다. 이것을 기념하는 절기가 '하누카'입니다. 하누카는 히브리어로 봉헌이란 의미가 있습니다. 성경에는 수전절로 한 번 등장합니다.

"예루살렘에 수전절이 이르니 때는 겨울이라."요 10:22

셀류쿠스 왕조는 주전 164년 성전이 재봉헌된 후에도 계속 반란을 제압하고 유대에 대해 영향력을 행사하려고 시도했지만, 로마와 동맹을 맺은 유대는 주전 142년 셀류쿠스 왕조로부터 독립을 하게 됩니다. 이로써 바벨론 제국의 식민지를 시작으로 페르시아와 헬라 제국에 이어지기까지 400년 넘게 지속된 식민지 생활을 청산했습니다. 유대 역사에서 주전 142년 이전은 셀류쿠스 왕조 통치 시대, 이후는 독립 유대 하스모니안 왕조 시대로 분류됩니다.

정보

성지연수를 가서 현지에서 메노라라고 불리는 촛대를 기념품으로 사오는 경우가 있습니다. 우리 성경에 등대라고 표현된 성막에서 사용하던 메노라는 초를 일곱 개, 하누카 때 사용하는 촛대는 아홉 개를 꽂을 수 있습니다. 아홉 개 중에 가운데 있는 하나는 불을 붙이는 용도로 사용하기 때문에 실제적으로 하누카 촛대는 여덟 개입니다. 성지연수 때 기념품으로 메노라를 살 분들은 개수를 잘 세어서 원하는 것을 사야 합니다. 성막 공부 때 시청각교재로 사용할 촛대는 초를 일곱 개 꽂는 촛대입니다.

아, 유대의 독립 얼마만인가

제사장 맛다디아 가문이 주축이 되어 일으킨 반란을 마카비 혁명이라고 합니다. 이렇게 부르는 이유가 있습니다. 혁명을 주도한 제사장 맛다디아의 아들 중에 유다라는 아들이 있는데, 주전 166년 아버지 맛다디아가 죽은 후에 그가 이어서 반란을 이끌었습니다. 유다가 160년 전사하고 막내 동생 요나단이 그 뒤를 이었고, 그도 처형당하자 시몬이 승계해 마침내 유대를 독립시키고, 주전 142년 독립된 유대의 왕과 대제사장을 겸하는 첫 번째 통치자가 됩니다. 제사장 맛다디아의 뒤를 이은 셋째 아들 유다의 별명이 마카비입니다. 마카비라는 유다의 별명은 시간이 지나면서, 그의 이름처럼 되었습니다. 외경 중에 하나인 마카비서에는 유다의 이름이 '유다 마카비'라고 기록되어 있습니다. 이후로 이 일을 사람들은 마카비 혁명으로 불렀고, 이 집안을 마카비 가문이라고 불렀습니다. 맛다디아가 속한 가문 이름이 하스모니안입니다. 독립한 후 하스모니안 가문에서 유대를 79년간 통치했습니다. 그래서 이 시기를 하스모니안 왕조라고 부릅니다.

유대를 로마에 갖다 바친 헤롯의 아버지

그러나 독립의 단꿈은 오래가지 못합니다. 하스모니안 왕가 사람들이 권력을 서로 차지하려는 다툼[1]이 내전으로 치닫자 당시 유력자 중의 한 사람, 훗날 로마의 식민지 아래서 유대의 왕이 된 헤롯의 아버지 안티파타가 이보다는 차라리 유대를 로마에 귀속시키는 게 낫겠다고 생각하고 로마의 폼페이 장군과 협정을 체결합니다. 주전 63년 로마의 폼페이 장군이 예루살렘 성전을 점거하면서, 유대는 또 다시 로마의 식민지가 됩니다. 이들은 로마가 포위한 상태에서도 싸움을 멈추지 않았습니다. 결국 독립을 잃고 망하는 결과를 가져왔습니다. 유대 역사에서 주전 63년 이전은 독립 유대 하스모니안 왕조 시대, 이후는 로마제국 통치 시대로 분류됩니다.

---

1) 왕위를 놓고 싸운 하스모니안 왕조 사람은 힐카누스 2세와 아리스토불로스 2세입니다.

아, 그래서 헤롯이 예수님 때 유대 왕이었구나

이 후의 역사는 우리가 잘 압니다. 성경에 기록되어 있기 때문입니다. 예수님이 탄생하셨을 때, 유대는 로마가 총독을 파견하고 헤롯을 왕으로 세워 식민 통치를 하고 있었습니다. 유대인도 아닌 이두메 사람 곧 나바티안 사람인 헤롯이 유대의 왕이 될 수 있었던 것은 그의 아버지 안티파타의 영향이 큽니다. 예수님이 태어나셨을 때는 아버지 헤롯이 유대의 전체 왕이었고, 예수님이 십자가에 달리셨을 때는 헤롯의 아들 셋이 유대를 분할하여 통치했습니다. 성경에는 아버지나 아들이나 모두 헤롯이라고 표기되어 있어 주의 깊게 살펴야 합니다.

관점에 따라 다른 두 번의 독립 전쟁 또는 반란

예수님이 승천하신 후에도 유대 땅은 계속 로마의 식민지였습니다. 로마의 식민지 아래 있으면서도 독립을 위한 유대인들의 몸부림은 계속되었습니다. 그러나 그 몸부림은 번번이 처참한 패배로 끝나고 말았습니다. 주후 66년에 시작된 1차 독립운동은 70년 로마의 티투스 장군에 의해 무참하게 진압되었습니다. 이때 헤롯이 46년에 걸쳐 지은 성전이 돌 하나 남지 않고 모두 무너졌습니다.

주후 132년 2차 유대인 반란이 일어났습니다. 이 반란의 원인은 로마 황제 하드리아누스가 제공했습니다. 주후 130년 유대 지방을 방문한 하드리안이라고도 불리는 로마의 하드리아누스 황제가 유대인들에게 할례 금지령을 내리고 예루살렘 바로 북쪽에 유대 남부를 관할

할 제10군단 기지를 건설하면서, 그 도시 이름을 아엘리아 카피톨리나(Aelia Capitolina)로 명명했습니다. 로마가 예루살렘 이름을 이렇게 바꿨다고 생각하면 이 상황을 이해하는데 도움이 됩니다. 하드리아누스의 전체 이름(Publius Aelius Trajanus Hadrianus)에서 보듯이 아엘리아(Aelius)는 하드리아누스 황제의 성(姓, Family name)입니다. 카피톨리나는 로마의 중심부에 있는 언덕으로, 로마의 주요 언덕 일곱 개 중에 하나입니다. 이곳은 로마 종교의 중심지로 유피테르(제우스) 신전을 비롯해 로마인 이야기를 쓴 시오노 나나미의 표현을 빌리면 '로마의 시민권을 받은 점령지의 신들'을 위한 신전들이 있는 곳입니다. 하드리아누스가 예루살렘 이름을 아엘리아 카피톨리나로 바꿨다는 것은 곧 예루살렘이 하드리아누스의 땅이고, 유대인들이 믿는 여호와는 유일신이 아니라 로마가 점령한 여러 신들 가운데 하나일 뿐이라는 선언입니다. 이에 유대인들이 반란을 일으켰습니다. 유대인들이 예루살렘을 점령하고 1년여 기간 동안 예루살렘 왕국을 건설하기도 했지만, 이내 로마가 다시 예루살렘을 탈환했습니다. 3년 간의 로마와 유대와의 전쟁 결과로 58만 명이 죽었습니다. 2차 독립운동은 주후 135년 하드리아누스 황제의 의해 처참하게 진압되었습니다.

2차 반란을 진압한 로마의 분풀이

유대인들의 2차 반란(로마 입장에서의 표현)을 진압한 하드리아누스는 유대인들을 예루살렘에서 내쫓고, 대대로 불려 오던 그 땅의 이름도

'시리아 팔레스티나(Syria Palaestina)'로 바꿔 버립니다. 팔레스티나는 블레셋 사람들이라는 의미입니다. 로마가 이렇게 그 땅 이름을 지은 이유는 유대인들이 싫어하는 이름을 골라 일부러 지은 것입니다. 당시 그 땅에 블레셋 사람들이 살고 있었던 것도 아닙니다. 블레셋은 이미 주전 4세기 경에 역사 속에서 사라졌습니다. 식민지였지만 그동안 계속 이 지역의 이름이었던 유대 또는 유다는 사라지고 유대인들은 각지로 흩어졌습니다. 유대인들이 예루살렘에 거주하는 것도 금지되었습니다. 유대인들 입장에서는 135년은 자신들의 이름 '유대'를 빼앗긴 가슴 아픈 해입니다. 로마의 공식 문서에서 예루살렘이 사라진 것도 이때입니다.

주후 135년부터 그 땅 이름은 유대인들의 의지와는 상관없이 팔레스타인이 되었습니다. 그렇다고 이 이름에 그 땅에 살고 있었던 아랍인들의 의지가 반영된 것도 아닙니다. 이 이름은 중간에 엎치락뒤치락하다 1920년, 영국이 그 땅을 위임통치하면서 그 땅의 이름을 팔레스타인으로 명명해 팔레스타인은 다시 그 땅의 이름이 되었습니다. 위임 통치 아래 유대인과 팔레스타인 사람들이 평화롭게 지낸 것은 아닙니다. 그들의 분쟁으로 인해 영국은 그 땅의 문제를 UN에 상정합니다. UN은 유대와 팔레스타인의 분리독립안을 제시합니다. 유대인들은 이 안을 받아들였으나 팔레스타인 사람들은 반대했습니다. 그러자 1948년 5월 14일 유대인들이 독립을 선언하고 국호를 이스라엘로 정했습니다.

1948년 유대인들이 독립선언을 하며 국호를 이스라엘로 하다

이렇게 해서 현대의 이스라엘이 시작되었습니다. 당시 유대인들이 나라 이름을 유대가 아니라 이스라엘로 한 것은 조금은 뜻밖입니다. 이스라엘이 남북으로 나뉜 후에 자신들이 혐오했던 북이스라엘이 이스라엘 이름을 사용했기 때문에 유대인들은 이스라엘이라는 이름보다 유대를 선호했습니다. 그런 유대인들이 이스라엘이라고 국호를 정한 것은 통일 왕국 시대의 이스라엘을 염두에 둔 것이 아닐까 생각해 봅니다.

이스라엘이 독립할 당시, 그 땅에 살고 있던 팔레스타인이나 주변 아랍 진영의 환영을 받은 것이 아닙니다. 이스라엘이 독립선언을 한 다음 날 인근 아랍 다섯 개 나라가 이스라엘을 공격하는 것으로 시작된 중동 1차 전쟁을 비롯해 지금까지 네 차례의 전쟁이 그 땅에서 있었습니다. 지금도 여전히 그 땅은 긴장 상태입니다.

현대 이스라엘과 팔레스타인 그리고 이스라엘 점령지

팔레스타인

팔레스타인은 성경에 나오는 '블레셋 사람들'에서 나온 말입니다. 성경에 블레셋은 250번 정도 등장합니다.

팔레스타인과 블레셋

우리 성경에 '블레셋 사람들'로 번역된 표현을 영어 성경에서 찾아 대조하면 팔레스타인과 블레셋의 관계를 금방 알 수 있습니다. 개역개정성경과 NIV성경을 대조해서 살펴보겠습니다.

"블레셋 사람들과 이스라엘이 싸우더니 이스라엘 사람들이 블레셋

사람들 앞에서 도망하다가 길보아 산에서 죽임을 당하여 엎드러지니라." 대상 10:1

"Now the Philistines fought against Israel; the Israelites fled before them, and many fell slain on Mount Gilboa."

우리 성경의 '블레셋 사람들'이 영어 성경에 필리스틴(Philistines)으로 씌여 있습니다. 팔레스타인은 여기서 유래된 이름입니다. 아랍어 성경에는 블레셋과 팔레스타인이 동일한 단어입니다. 국가 이름 팔레스타인에 해당하는 아랍어 فلسطين로 아랍어 성경을 검색하면 249개의 블레셋 관련 성경 구절이 검색됩니다.

블레셋은 성경에 일찌감치 등장합니다. 창세기에 아브라함 관련 기사가 나올 때 블레셋이 등장합니다. 성경에 따르면 블레셋 사람들은 갑돌에서 온 사람들입니다. 갑돌은 오늘의 크레테 섬입니다.

"갑돌에서 나온 갑돌 사람이 가사까지 각 촌에 거주하는 아위 사람을 멸하고 그들을 대신하여 거기에 거주하였느니라." 신 2:23

"너희는 내게 구스 족속 같지 아니하냐 내가 이스라엘을 애굽 땅에서, 블레셋 사람을 갑돌에서, 아람 사람을 기르에서 올라오게 하지 아니하였느냐." 암 9:7

크레테 섬

　블레셋 사람은 해양 민족입니다. 지중해를 통해 들어온 그들은 지중해 연안인 가사, 오늘의 가자지구와 그 북쪽 해안에 자리를 잡았습니다. 그것이 블레셋입니다. 성경에 나오는 블레셋 지경과 오늘의 가자지구가 겹치다 보니 사람들 중에는 가자지구 사람들이 블레셋 사람들의 후예라고 생각하는 경향이 있는 것 같습니다. 가자지구에는 블레셋 후손들이 살고 있는 것이 아니라 아랍 사람들이 살고 있습니다.

　팔레스타인 자치 지구인 베들레헴에서 팔레스타인 교회 목사님에게 이런 질문을 했습니다. "팔레스타인 사람들 중에 자신의 조상이 블레셋이라고 생각하는 사람들이 있나요?" 아랍 목사님은 그렇게 생각

1. 바이블랜드　53

하는 사람들도 있을 수 있겠지만, 대부분은 그렇게 생각하지 않는다고 대답했습니다. 자신들을 블레셋의 후손들이라고 생각하지 않는데 이름은 팔레스타인입니다. 이것이 팔레스타인의 현재 상황입니다.

미움이 남긴 이름, 팔레스타인

블레셋은 역사적으로 주전 4세기 경에 역사에서 사라집니다. 같은 해양 민족인 헬라 제국이 그 땅을 점령할 때, 동화된 것으로 추측합니다. 이렇게 역사에서 사라진 블레셋이 그 땅의 이름으로 불리게 된 과정은 앞서 살펴본 대로입니다. 이스라엘과 팔레스타인의 역사가 중복되기 때문에 부득이 설명도 중복될 수밖에 없음을 이해 바랍니다.

하드리아누스가 2차 유대인 반란을 진압하고 유대인들을 예루살렘과 인근 도시에서 쫓아내고 그 땅의 이름을 유대인들이 싫어하는 이름인 '블레셋 사람들'을 넣어 '시리아 팔레스티나(Syria Palaestina)'로 바꾸면서부터입니다. 참고로 팔레스타인은 아랍어로는 فلسطين(필라스틴/팔라스틴), 히브리어로는 פלשתינה(팔레스티나)입니다. 로마가 유대인들이 들으면 바로 마음이 상할 팔레스티나를 그 땅 이름으로 한 것입니다. 이 이름은 로마가 유대인들이 미워서, 증오심에 지은 이름입니다.

그 후로 근 2천 여 년의 역사 가운데 그 땅의 이름이 엎치락뒤치락 했습니다. 1516년 이 지역을 점령한 오스만 제국은 팔레스타인이라는 명칭을 공식적으로는 사용하지 않았습니다. 그러다 1920년 이 지역을 영국이 위임통치하면서, 다시 그 땅 이름을 팔레스타인이라고 명명했습니다. 다시 그 땅의 이름이 팔레스타인이 되었습니다. 영국이 위임통치를 하고 있을 때는 그 땅에 사는 사람들은 아랍계 팔레스타인, 유대계 팔레스타인으로 구분되었습니다. 베들레헴에서 만난 팔레스타인 목사님은 자신의 할아버지 때 여권을 보면 이렇게 구분되어 있다고 증언했습니다. 그러다 이스라엘이 1948년 5월 14일 독립선언을 하면서 자신들이 원하지도 않았고 오히려 혐오하던 팔레스타인이라는 이름을 버리고 이스라엘을 국호로 정했습니다. 자연스럽게 팔레스타인은 그 땅에 있던 아랍인들의 것이 되었습니다. 지금은 땅 이름이던 팔레스타인이 민족의 이름처럼 의미가 바뀌고 있습니다. 팔레스타인계 아랍인이라는 구분이 보편화되고 있습니다.

그들이 자신들의 꿈과 의지를 담아 지은 이름을 기대하며

역사에서 사라진 민족 이름 블레셋, 그 이름이 오늘 그 땅에 살고 있는 아랍 사람들의 이름이 되었습니다. 블레셋을 자신들의 조상이라고 생각한다면, 이 이름을 고수해야 합니다. 하지만 그들은 그렇게 생각하지도 않는데 블레셋으로 불리고 있습니다. 이렇게 되면 마치 고대 이스라엘과 블레셋이 대립하고 싸웠던 것처럼, 현대에도 이스라엘과 블레셋이 대립하고 있는 것 같은 인상을 줄 수 있습니다. 복음이 들어가는 곳마다 성경이 전해질텐데, 그렇게 되면 성경 안에 있는 블레셋의 이미지를 오늘의 팔레스타인이 고스란히 떠안을 수 있을텐데….

블레셋 하면 제일 먼저 떠오르는 사람은 골리앗입니다. 다윗과 맞서 싸웠던 골리앗이 블레셋 장수입니다. 그렇다고 오늘의 이스라엘이 다윗이고, 오늘의 팔레스타인이 골리앗은 아닙니다. 그럼에도 이런 오해를 받을 수 있습니다. 물론 우리나라처럼 성경에서는 블레셋, 신문에서는 팔레스타인이라고 마치 각기 다른 나라인 것처럼 불리는 경우는 이 둘을 연결시키지 못할 수도 있지만, 영미권에서는 필리스틴과 팔레스타인은 바로 연결됩니다. 더군다나 아랍어 성경에는 둘 다 팔레스타인으로 되어 있으니 더욱 그렇습니다. 팔레스타인 그리스도인들이 성경을 읽을 때, 블레셋 관련 내용을 읽을 때, 또 다윗이 골리앗을 쓰러뜨린 기사를 읽을 때는 또 어떤 마음일지 생각해 봅니다. 성경에 나오는 블레셋과 자신들의 나라 이름이 같은 팔레스타인이다 보니 마치 다윗이 자신들의 선조를 쓰러뜨린 것으로 착각하는 경우도 있을 것 같습니다.

괜한 걱정인지 모르지만, 이런 생각을 하다 팔레스타인교회 파디 목사님에게 혹시 블레셋 사람을 의미하는 팔레스타인이라는 나라 이름을 다른 이름으로 바꾸는 것에 대해 생각해 볼 필요가 있지 않느냐고 넌지시 말을 건넸습니다. 목사님이지만 팔레스타인이라는 이름을 고수하고 싶은 마음이 느껴져서, 더 이상은 언급하지 않기로 했습니다.

독립국 팔레스타인을 향하여

현재 그 땅에 살고 있는 사람들은 유대인이 아니면, 대부분 아랍인입니다. 중동 사람입니다. 그 땅에서 성경에 등장하는 족속만 해도 여러 족속들이 살았습니다. 그러나 지금 그들 대부분은 오랜 역사 속에 혼혈이 이루어졌고 지금은 아랍인으로 통합되어 있습니다. 예수님 당시만 해도 사마리아 사람으로 불리던 북이스라엘 후예들도, 구약성경에서 블레셋 사람으로 불리던 사람들도 지금은 다 아랍 사람으로 분류됩니다. 이들도 여러 제국의 압제와 통치를 유대인들과 같이 받았습니다. 바벨론 제국이 유대만 식민 통치를 한 것이 아닙니다. 페르시아나 로마 제국이 유대인들만 압제한 것이 아닙니다. 제국 아래서 유대인들과 함께 압박받고 고통받은 사람들이 그 땅에 살고 있는 팔레스타인 사람으로 불리는 아랍인들입니다.

오랜 시간 동안 제국들의 압제 아래 함께 고통당하던 이들이 이제 독립된 국가로 서 가고 있습니다. 먼저 유대인들이 이스라엘이라는 이름으로 독립국가를 이루었고, 이어 그 땅에 살던 아랍 사람들도 국제사회로부터 독립국가로 인정받기 위해 무던히 노력하고 있습니다. 지금은 팔레스타인 자치 정부에서 한 단계 더 나아가 팔레스타인국으로 진전되고 있습니다. 팔레스타인은 1988년 독립을 선언하고, 2011년에는 유네스코 회원국, 2012년에는 유엔의 옵서버 국가(observer state)가 되었습니다. 2014년 10월 30일을 기준으로 유엔 회원국 193개국 가운데 135개국이 팔레스타인을 독립국가로 인정하고 있는 상황입니다.

성경의 땅에 살고 있는 사람들은 그동안 숱한 고난과 시련을 겪은 사람들입니다. 그 땅에 사는 유대인들과 아랍인들은 얽히고설킨 실타래만큼이나 복잡하게 얽혀 있습니다. 그래도 그들은 그 땅에서 함께 살아야 합니다. 같이 살아야 합니다. 이스라엘 이츠하크 라빈 총리가 했다고 전해지는 말처럼, 평화를 위해서는 다 가질 수 없습니다. 양보해야 합니다. 적절한 선에서 서로가 받아들여야 같이 살 수 있습니다.

이스라엘교회
팔레스타인교회

민족을 넘어 예수로

오늘의 바이블랜드에는 두 교회가 있습니다. 이스라엘교회와 팔레스타인교회입니다. 이스라엘교회에도 가보고 팔레스타인교회에도 가보았습니다. 이스라엘교회에서는 유대인들 가운데 예수께로 돌아온 사람들이 하나님을 예배했습니다. 팔레스타인교회에서는 아랍인 가운데 예수께로 돌아온 사람들이 하나님을 예배했습니다. 두 교회에서 같은 복음이 전해졌습니다. 예수가 전해졌습니다. 예수가 그리스도임이 선포되었습니다. 감동적이었습니다. 그럼에도 이스라엘교회 성도들은 이스라엘이라는 민족을, 팔레스타인교회 성도들은 팔레스타인이라는 민족의 벽을 넘지 못하는 것 같습니다. 신앙이 민족을 넘어서지 못하는 것 같아 안타깝습니다. 분명 예수를 주로 시인하면서도, 여전히 이스라엘에 대해, 또 팔레스타인에 대해 그들이 갖고 있는 '독특한 감정'이 있습니다. 예수 안에서는 분명 하나인데, 하나여야 하는데 어떤 면에서는 여전히 둘입니다. 예수 믿는 유대 사람과 예수 믿는 팔레스타인 사람으로 구별만 되어야지 분리되어서는 안 됩니다.

다 우리 교회다

그리스도인인 우리에게는 이스라엘이나 팔레스타인 사람들 모두 주께로 돌아와 구원받아야 할 사람들입니다. 어느 한 편이 아니라 이들 모두를 향해 마음을 열고 다가가야 합니다. 우리는 이스라엘도 팔레스타인도 함께 품어야 합니다. 두 민족 모두 사랑해야 합니다. 이스라엘로도 선교사를 보내고, 팔레스타인으로도 선교사를 보내야 합니다. 예수님이 막힌 담을 허신 것처럼 우리도 이들 사이의 막힌 담을 허는 역할을 감당해야 합니다. 우리의 역할은 이들 가운데 어느 한 편에 서서 편을 드는 것이 아니라, 이 둘이 분쟁을 끝내고 서로 손잡고 평화의 나팔을 불 수 있도록 돕는 일입니다. 이스라엘교회도 우리 교회고, 팔레스타인교회도 다 주님의 교회이고 우리 교회입니다.

바이블랜드교회가
열방을 향해 나가는 꿈을 꾸다

아직은 미미하고, 아직은 미약하지만 바이블랜드에 교회가 세워져 가고 있습니다. 바이블랜드에서 바이블랜드교회 꿈을 꿉니다. 눈을 뜨고 꿈을 꿉니다. 글을 쓰며 꿈을 꿉니다. 꿈이 현실이 될 그날을 꿈꿉니다. 바이블랜드교회가 하나되는 꿈을 꿉니다. 바이블랜드교회가 성령 안에서 민족을 뛰어 넘는 메시아닉 쥬(Messianic Jews)와 아랍 크리스천이 함께 손에 손을 잡고 예수 그리스도의 이름을 높이는 꿈을 꿉니다. 바이블랜드교회가 민족을 뛰어 넘어 열방을 향해 나아가는 꿈을 꿉니다. 바이블랜드교회 부흥을 꿈꿉니다. 바이블랜드교회에서 파송한 선교사를 세계 각 나라에서 만나는 꿈을 꿉니다. 바이블랜드교회가 주최한 세계 모든 민족과 열방이 함께 예배드리는 그 자리에 함께하는 꿈을 꿉니다.

2

기브온

기브온교회는 교회와 세상의 관계가 어떠해야 하는지에 대해 우리에게 교훈하는 바가 큽니다. 교회는 세상 속으로 들어가야 합니다. 그러나 세상에 동화되어서는 안 됩니다. 거룩해야 합니다. 다른 말로 하면 구별되어야 합니다. 교회는 세상 밖으로 나가서는 안 됩니다. 세상 속으로 들어가야 합니다. 그러나 교회는 달라야 합니다. 다른 종교가 어떻게 하든, 세상이 어떻게 하든, 교회는 교회가 할 일을 해야 합니다. 교회는 이런 것들에 휩쓸리지 않고 하나님이 하라고 하신 일, 하나님이 명하신 대로 해야 합니다. 세상 속으로 들어가지만, 세상과 혼합되지 않고 구별되어야 합니다. 그럴 때 교회는 교회가 됩니다. 교회는 힘이 있습니다.

솔로몬은 왜 기브온 산당에서
일천 번제를 드렸을까?

성경을 읽다 고개가 갸우뚱해지는 때가 있습니다. 다음 말씀도 그중에 하나입니다.

"1 솔로몬이 애굽의 왕 바로와 더불어 혼인 관계를 맺어 그의 딸을 맞이하고 다윗 성에 데려다가 두고 자기의 왕궁과 여호와의 성전과 예루살렘 주위의 성의 공사가 끝나기를 기다리니라 2 그 때까지 여호와의 이름을 위하여 성전을 아직 건축하지 아니하였으므로 백성들이 산당에서 제사하며 3 솔로몬이 여호와를 사랑하고 그의 아버지 다윗의 법도를 행하였으나 산당에서 제사하며 분향하더라 4 이에 왕이 제사하러 기브온으로 가니 거기는 산당이 큼이라 솔로몬이 그 제단에 일천 번제를 드렸더니 5 기브온에서 밤에 여호와께서 솔로몬의 꿈에 나타나

2. 기브온 65

시니라 하나님이 이르시되 내가 네게 무엇을 줄꼬 너는 구하라."왕상 3:1-5

우리가 아주 잘 아는 말씀입니다. 우리는 이 말씀의 결과도 잘 압니다. 솔로몬은 이때 하나님께 "듣는 마음을 종에게 주사 주의 백성을 재판하여 선악을 분별하게 하옵소서"왕상 5:9라고 구했습니다. 솔로몬의 이 대답이 하나님의 마음에 들었습니다. 솔로몬이 자기를 위하여 장수나 부나 원수의 생명을 멸하는 것도 구하지 않고 이것을 구하는 것에 감동하신 하나님은 솔로몬을 지혜롭고 총명하게 하실 뿐 아니라 그가 구하지 않은 부귀와 영광도 주셨습니다.

이 말씀을 읽다 솔로몬이 산당에서 제사를 드렸다는 부분에서 멈칫합니다. 산당에서 제사를 드렸다면, 하나님께서 그것을 받지 않으셔야 마땅하고 책망하셔야 마땅한데, 하나님께서 그것에 대해 아무런 말씀도 하지 않으시고 오히려 솔로몬을 인정해 주시는 것 같기 때문입니다. '산당에서 드리는 제사도 하나님이 받으시나?' 이런 의문이 따를 수 있습니다. 그리스도인이라면 한 번쯤 가졌음직한 의문입니다.

왜 하필 산당?

이것을 풀어 나가기 위해 우선 산당이 무엇인지를 살펴야 합니다. 우리말 성경의 '산당'은 영어 성경에서는 대부분 'the high places'로 나와 있습니다. 높은 곳을 의미입니다.

성경에는 '산당'이라는 단어가 꽤 많이 나옵니다. 우리에게 산당이 산에 있는 점집같이 부정적인 것처럼, 성경에서도 많은 경우 산당이 부정적인 의미로 사용되고 있습니다. 산당은 헐어야 할 대상으로 성경에 묘사되어 있습니다. 종교개혁을 한 왕들의 치적을 기록하는 중에 산당을 없앴는지의 여부가 평가의 주요한 기준이 되는 것을 봅니다. 그런데 성경에서 산당이 항상 부정적으로 사용된 것은 아닙니다. 솔로몬이 일천 번제를 드린 이 경우처럼 다른 의미로 산당이 성경에 등장하기도 합니다.

산당이라는 단어 자체가 우상을 섬기는 곳을 의미하는 것은 아닙니다. 이 단어는 말 그대로 '높은 장소'를 뜻합니다. 우리나라의 산봉우리는 대부분 뾰족합니다. 그런데 바이블랜드의 경우는 산 위에 넓은 평지가 있습니다. 헤르몬 산을 가기 위해 골란 고원을 올라갈 때도 보면, 마치 강원도 어느 깊은 산길을 올라가는 것 같습니다. 그런데 올라가고 나면 그곳에 넓은 평지가 길게 펼쳐집니다. 바이블랜드에 가면 '텔'자가 앞에 붙은 지명들을 만납니다. 텔 단, 텔 아비브 등. 그 '텔' 역시 봉우리 위에 평평한 곳을 가리킵니다. 자연적으로 이렇게 된 곳도 있고 인위적으로 이렇게 만든 곳도 있습니다. 이 '텔'자가 붙은 곳은 대부분 예전에는 성읍이나 마을터였던 곳입니다.

우리는 주로 산 아래 평지에서 삽니다. 산 근처에 산다고 해도 산을 배경 삼아 산자락에 삽니다. 그러나 바이블랜드에 가서 보면 산 위에서 삽니다. 삼면이 절벽으로 되어 있는 그 위에 고대 성읍들이 많습니다

다. 예루살렘 성도 그런 곳에 위치해 있습니다. 아무래도 외부의 침입이 많았고, 전쟁이 많았기 때문에 생긴 현상인 것 같습니다. 파키스탄에 지진이 났을 때, 구호하러 가서 보니 그곳에도 높은 산 위에 집을 짓고 사는 사람들이 많았습니다. 구호품을 헬기에 싣고 가서 투하했던 기억이 있습니다. 그때도 이유를 물어보니 외적으로부터 가족들을 안전하게 보호하기 위함이라고 얘기했습니다. 고대 중동 지방에는 신약성경에도 '산 위에 있는 동네'가 언급될 정도로 산 위에 동네가 있는 것이 보편적이었나 봅니다.

기브온 산당은 다른 말로 하면, 기브온 높은 곳입니다. 조금 더 적용을 넣어 표현하면, 기브온에서 가장 높은 곳이라고 생각하면 됩니다. 실제로 지금 가서 봐도 기브온 산당 자리는 기브온에서 가장 높은 곳에 위치해 있습니다. 솔로몬이 기브온 산당에서 일천 번제를 드린 것은 우상을 섬기는 '산당'에서가 아니라, 기브온에서 높은 곳에서 일천 번제를 드린 것입니다.

산당에서 일천 번제를 드린 데는 이유가 있지 않을까

당시 솔로몬은 예루살렘 성에서 이스라엘을 다스렸습니다. '그런데 왜 그는 예루살렘에서 일천 번제를 드리지 않고 기브온에서 일천 번제를 드렸을까?' 하는 의문은 여전히 남습니다. 아래 지도에서 보는 것처럼 예루살렘과 기브온은 불과 얼마 떨어져 있지 않습니다. 예루살렘보다 북쪽으로 8km 정도 윗쪽에 있습니다. 기브온 산당은 예루살렘 성보다 약 백여 미터가 더 높습니다.

  단순히 가깝다는 이유만으로, 기브온이 더 높기 때문에 솔로몬이 일천 번제를 드릴 장소로 예루살렘 대신 기브온을 택했을까요? 성경을 통해 왜 솔로몬이 기브온 산당에서 일천 번제를 드렸는지를 찾아볼 필요가 있습니다.

예루살렘과 기브온과 실로

솔로몬은 번제를 드렸다

솔로몬이 번제를 드렸다는 것에 힌트가 있지 않을까 싶습니다. 솔로몬은 기브온 산당에서 일천 번제를 드렸습니다. 일천 번제를 '천 번의 제사'로 이해하는 분들이 간혹 있습니다. 왜 이럴까 생각해 보았습니다. 이것은 한글 띄어쓰기 문제인 것 같습니다. '일천번 제'로 띄어 쓰면 천번의 제사가 됩니다. '일천번 제'가 아니라 '일천 번제'입니다. 솔로몬이 드린 것은 천 번의 제사가 아니라 천 마리 제물을 드린 번제입니다.

번제는 하나님께 드리는 제사 중에 하나입니다. 일반적으로 번제, 소제, 속건제, 속죄제, 화목제를 5대 제사라고 합니다. 번제는 그중에도 대표적인 제사입니다. 번제를 어떻게 드리는지, 그 방법이 레위기 1장에 잘 나타나 있습니다. 밑줄 친 부분을 주목해서 읽으시기 바랍니다.

"1 여호와께서 회막에서 모세를 부르시고 그에게 말씀하여 이르시되 2 이스라엘 자손에게 말하여 이르라 너희 중에 누구든지 여호와께 예물을 드리려거든 가축 중에서 소나 양으로 예물을 드릴지니라 3 그 예물이 <u>소의 번제이면 흠 없는 수컷으로 회막 문에서 여호와 앞에 기쁘게 받으시도록 드릴지니라</u> 4 그는 번제물의 머리에 안수할지니 그를 위하여 기쁘게 받으심이 되어 그를 위하여 속죄가 될 것이라 5 그는 여호와 앞에서 그 수송아지를 잡을 것이요 아론의 자손 제사장들은 <u>그 피를 가져다가 회막 문 앞 제단 사방에 뿌릴 것이며</u> 6 그는 또 그 번제물의 가죽을 벗기고 각을 뜰 것이요 ⁷ 제사장 아론의 자손들은 제단 위에 불을 붙이고 불 위에 나무를 벌여 놓고 ⁸ 아론의 자손 제사장들은 그 뜬 각과 머리와 기름을 제단 위의 불 위에 있는 나무에 벌여 놓을 것이며 ⁹ 그 내장과 정강이를 물로 씻을 것이요 제사장은 그 전부를 <u>제단 위에서 불살라 번제를 드릴지니</u> 이는 화제라 여호와께 향기로운 냄새니라 ¹⁰ 만일 그 예물이 가축 떼의 양이나 염소의 번제이면 흠없는 수컷으로 드릴지니 ¹¹ 그가 <u>제단 북쪽 여호와 앞에서 그것을 잡을 것이요</u> 아론의 자손 제사장들은 그것의 <u>피를 제단 사방에 뿌릴 것이며</u> ¹² 그는 그것의 각을 뜨고 그것의 머리와 그것의 기름을 베어낼 것이요 제사장은 그것을 다 제단 위의 불 위에 있는 나무 위에 벌여 놓을 것이며 ¹³ 그 내장과 그 정강이를 물로 씻을 것이요 제사장은 그 전부를 가져다가 <u>제단 위에서 불살라 번제를 드릴지니</u> 이는 화제라 여호와께 향기로운 냄새니라."레 1:1-13

이 번제를 드리는 방법에 의하면, 번제는 3절에 있는 말씀대로 성막(회막은 성막의 다른 표현) 문에서 드립니다. 번제의 제물은 제단 북쪽 여호와 앞에서 잡습니다. 번제의 피는 제단 사방에 뿌립니다. 번제의 고기는 제단 위에서 불살라 드립니다. 특별한 경우가 아니면 대부분의 번제는 이와 같은 방법으로 성막에서 드렸습니다. 솔로몬이 기브온 산당에서 번제를 드렸다면, 거기 성막이 있어야 합니다. 또한 번제단이 있어야 합니다. 그래야 번제가 성립됩니다. 일천 번제를 드린 기사를 거듭 살펴보아도 분명 솔로몬은 일천 번제를 드렸습니다. 그렇다면 기브온 산당에 성막이 있었다는 말인데, 성막이 산당에 있을 수 있을까요?

성막을 찾아서

성막, 회막 또는 여호와의 장막이라고도 불리는 이것은 천막으로 만들어졌습니다. 하나님께서 광야에서 모세에게 설계해 주셨고, 모세는 하나님의 설계대로 성막을 만들었습니다. 광야에서 이스라엘 백성들은 성막을 중심으로 진을 치고, 성막을 중심으로 생활했습니다. 성막은 하나입니다. 모세가 여러 개의 성막을 만든 것이 아닙니다. 성막은 오직 하나입니다. 성막은 오실 예수님을 예표하는 것이기 때문입니다. 그리스도는 예수 한 분뿐입니다.

이스라엘 백성들은 가나안에 입성할 때, 성막을 가지고 갔습니다.

"이스라엘 자손의 온 회중이 실로에 모여서 거기에 회막을 세웠으며." 수 18:1

회막은 성막의 다른 이름입니다. 성막은 성소와 지성소로 구분되어 있습니다. 지성소 안에는 여호와의 언약궤가 있습니다. 여호와의 언약궤는 언약궤, 증거궤, 여호와의 궤, 하나님의 궤, 법궤, 궤 등으로 불리기도 합니다.

엘리 사사 때 성막은 실로에 있었다

엘리 제사장 때 보면 언약궤는 여전히 실로에 있는 성막 안에 있습니다. 엘리 제사장은 사사 시대가 거의 끝날 무렵 재임한 이스라엘 사사입니다. 엘리가 유명한 것은 한나와 그의 아들 사무엘 때문입니다. 엘리가 제사장일 때 아들이 없어 눈물로 기도하던 여인, 한나가 기도한 곳이 바로 실로입니다. 한나가 기도의 응답으로 받은 아들을 하나님께 드렸습니다. 한나의 아들, 어린 사무엘이 생활한 곳이 바로 성막이 있는 실로입니다. 이 성막 안에 있던 언약궤는 엘리의 두 아들 홉니와 비느하스가 블레셋과의 전쟁 중에 전쟁터로 가지고 갔다가 블레셋에 빼앗겼습니다. 우여곡절을 거쳐 나중에 이 언약궤는 다시 이스라엘로 돌아왔습니다.

언약궤를 빼앗긴 후에 실로에 있던 성막은 어떻게 되었을까

사람들은 성막을 떠난 언약궤에는 관심이 많았지만, 의외로 성막에 대해서는 무심했습니다. 성막은 사람들의 관심 밖으로 밀려났습니다. 엘리의 두 아들이 죽고, 그 소식을 들은 엘리 제사장도 죽으면서 실로도, 성막도 사람들의 관심 속에서 사라집니다. 오늘날 성막이 있었던 실로에 가면, 다큐멘터리 형식으로 만든 성막의 역사가 상영됩니다. 그 영화는 성막이 불타는 것으로 끝납니다. 성막은 이 다큐멘터리처럼 불타 없어졌을까요?

엘리의 두 아들이 죽고 이 소식을 들은 엘리마저 죽은 후로 성막은 한동안 성경에 등장하지 않습니다. 그러다가 다윗 때가 되어 성막이 성경에 다시 등장합니다. 다윗이 인구조사를 한 연유로 하나님이 전염병을 내려 이스라엘 백성 7만 명이 죽는 일이 생겼습니다. 그때 다윗이 여부스 사람 오르난의 타작 마당에서 여호와를 위하여 제단을 쌓았습니다. 이후에 전염병이 그쳤습니다._{역대상 21장} 성경이 이 사건을 설명하는 중에, 거기 성막이 등장합니다.

"28이 때에 다윗이 여호와께서 여부스 사람 오르난의 타작 마당에서 응답하심을 보고 거기서 제사를 드렸으니 29 옛적에 모세가 광야에서 지은 여호와의 성막과 번제단이 그 때에 기브온 산당에 있었으나 30다윗이 여호와의 천사의 칼을 두려워하여 감히 그 앞에 가서 하나님께 묻지 못하더라."_{대상 21:28-30}

특보, 다윗 때 성막은 기브온 산당에 있었다

이 말씀 속에 여호와의 성막과 번제단이 그때에 기브온 산당에 있었다는 놀라운 사실이 들어 있습니다. 그러나 다윗은 여호와의 천사의 칼을 두려워하여 감히 그 앞에 가서 하나님께 묻지 못하고 여부스 사람 오르난의 타작 마당에서 제사를 드렸습니다. 이후로도 다윗이 기브온 산당에 가서 제사를 드렸다는 기록은 성경에서 찾을 수 없습니다. 이것에 대해 성경을 자세히 읽은 분 중에는, '아닌데, 다윗이 기브온에서 번제를 드렸는데' 하며 고개를 갸우뚱할 수 있습니다. 다윗이 언약궤를 찾아오는 내용은 다른 장에서 자세히 다루게 됩니다. 하지만, 이런 오해가 없도록 하기 위해 조금 설명을 합니다. 다윗이 언약궤를 찾아온 후에 제사장들에게 직무를 맡기는 내용이 역대상 16장 37절 이하에 있습니다. 대부분의 스터디 바이블이 이 부분에 '기브온에서 번제를 드리다'라고 소제목을 달았습니다. 그러다 보니 이것을 다윗이 기브온에서 번제를 드린 것으로 생각합니다. 다윗이 사독과 그의 형제 제사장들에게 기브온에서 번제를 드리라고 한 것입니다. 다윗이 기브온에서 제사를 드렸을 개연성은 있지만 성경에는 기록이 없습니다.

기브온 산당에 있었던 성막은 모세가 광야에서 지은 성막이다

다윗 때 이미 성막이 기브온 산당으로 옮겨져 있었습니다. 새로 지은 성막이 아니라 모세가 광야에서 지은 여호와의 성막이 그리로 옮겨졌던것입니다. 이렇게 되면 솔로몬이 기브온 산당에서 일천 번제를 드린 것도 자연스러워집니다. 솔로몬은 기브온에서 가장 높은 곳에 있는 성막에서 하나님께 일천 번제를 드렸습니다.

사실, 이 내용은 솔로몬이 일천 번제를 드리는 장면을 기록한 성경에 기록되어 있습니다. 이 기사가 성경에 두 번 기록되어 있는데, 한 번은 열왕기상 3장, 한 번은 역대하 1장에 기록되어 있습니다. 열왕기상이 성경 배열상 앞에 있기 때문인지, 이 두 개의 기사 중에 열왕기상 기사를 더 많이 보는 것 같습니다. 열왕기상 기사에는 솔로몬이 일천 번제를 드린 곳이 기브온 산당이라고만 되어 있습니다. 그러나 역대하 기사에는 그곳에 회막이 있었다는 설명이 함께 기록되어 있습니다. 그런데도 언약궤의 이동 경로에 비해 성막에는 관심을 갖지 않다보니, 자세히 읽지 않아 놓치는 경우가 많습니다. 그러다 보니 많이 놓칩니다. 역대하 1장 말씀을 함께 보겠습니다.

"1 다윗의 아들 솔로몬의 왕위가 견고하여 가며 그의 하나님 여호와께서 그와 함께 하사 심히 창대하게 하시니라 2 솔로몬이 온 이스라엘의 천부장들과 백부장들과 재판관들과 온 이스라엘의 방백들과 족장들에게 명령하여 3 솔로몬이 온 회중과 함께 <u>기브온 산당으로 갔으니 하나님의 회막 곧 여호와의 종 모세가 광야에서 지은 것이 거기에 있음이라</u> 4 다윗이 전에 예루살렘에서 하나님의 궤를 위하여 장막을 쳐 두었으므로 그 궤는 다윗이 이미 기럇여아림에서부터 그것을 위하여 준비한 곳으로 메어 올렸고 5 옛적에 훌의 손자 우리의 아들 브살렐이 지은 놋 제단은 여호와의 장막 앞에 있더라 솔로몬이 회중과 더불어 나아가서 6 여호와 앞 곧 회막 앞에 있는 놋 제단에 솔로몬이 이르러 그 위에 천 마리 희생으로 번제를 드렸더라 7 그 날 밤에 하나님이 솔로몬에게 나타나 그에게 이르시되 내가 네게 무엇을 주랴 너는 구하라 하시니 8 솔로몬이 하나님께 말하되 주께서 전에 큰 은혜를 내 아버지 다윗에게 베푸시고 내가 그를 대신하여 왕이 되게 하셨사오니 9 여호와 하나님이여 원하건대 주는 내 아버지 다윗에게 허락하신 것을 이제 굳게 하옵소서 주께서 나를 땅의 티끌 같이 많은 백성의 왕으로 삼으셨사오니 ¹⁰ 주는 이제 내게 지혜와 지식을 주사 이 백성 앞에서 출입하게 하옵소서 이렇게 많은 주의 백성을 누가 능히 재판하리이까 하니 ¹¹ 하나님이 솔로몬에게 이르시되 이런 마음이 네게 있어서 부나 재물이나 영광이나 원수의 생명 멸하기를 구하지 아니하며 장수도 구하지 아니하고 오직 내가 네게 다스리게 한 내 백성을 재판하기 위하여 지혜와 지식을 구하였으니 ¹² 그러므로 내가 네게 지혜와 지식을 주고 부와 재물과 영광도 주리니 네 전의 왕들도 이런 일이 없었거니와 네 후에도 이런 일이 없으리라 하시니라 ¹³ 이에 <u>솔로몬이 기브온 산당 회막 앞에서부터</u> 예루살렘으로 돌아와서 이스라엘을 다스렸더라." 대하 1:1-13

2013년 2월, 성지연수 중에 성막의 이동 경로를 찾다가 이 말씀을 읽었습니다. 물론 이 말씀을 처음 읽은 것은 아니지만, 관심을 두지 않고 읽었기 때문에 그동안 소홀히 읽었던 것입니다. 이 말씀을 읽을 때 희열이 있었습니다. 오랫동안 풀리지 않던 난제 하나가 풀어진 것 같은 그런 기쁨이 충만했습니다. 하나님께서 이때 눈을 열어 보여 주셨습니다. 성령의 조명하심을 경험한 행복한 날입니다. 너무 기쁘고 흥분되어서 그날 교회 홈페이지에 이 기쁜 소식을 전했습니다.

그 다음 날, 솔로몬이 성전을 지었던 터 위에 세워진 황금 사원으로 들어가기 위해 줄을 서서 기다리는 중에 다른 성지연수팀을 안내하고 있는 가이드분에게 성막이 기브온 산당에 있었다는 얘기를 했습니다. 그랬더니 그 가이드분이 무슨 엉뚱한 얘기를 하느냐는 듯이 바라보며

"그게 사실이냐"고 되물었습니다. 이 본문을 흘려 읽은 사람들이 적지 않음을 그 자리에서도 확인했습니다. 성경을 보다 꼼꼼히 읽어야겠다는 생각을 했습니다.

성막과 다윗의 장막은 다르다

역대하 1장 말씀 가운데 설명이 좀 필요한 부분이 있습니다.

4절에 "다윗이 전에 예루살렘에서 하나님의 궤를 위하여 장막을 쳐 두었으므로"라는 내용이 나오고, 다윗이 언약궤를 "그것을 위하여 준비한 곳"으로 메어 올렸다는 내용이 나옵니다. 이때 다윗이 하나님의 궤를 위하여 친 장막은 성막이 아닙니다. 다윗이 다윗 성에 친 천막입니다. 그래서 이것을 다윗의 장막(Tent of David)이라고 합니다.

다윗은 오벧에돔의 집에서 메어 온 언약궤를 기브온 산당에 있는 성막이 아니라 자신이 다윗 성에 하나님의 궤를 위해 미리 쳐 놓았던 장막 아래 두었습니다. 이것을 혼동해서 두 성막 시대라는 말을 하는 경우도 있습니다. 다윗이 친 휘장은 성막이 아닙니다. 이 시대를 굳이 시대로 구분하려면, 두 성막 시대가 아니라 성막과 언약궤가 분리된 시대라고 표현하는 것이 좋을 것 같습니다. 이 부분은 다윗이 언약궤를 찾아오는 내용을 다룰 때 다시 한 번 설명하겠습니다.

성막은 누가 언제 옮겼을까

그렇다면 성막은 언제, 누구에 의해 기브온 산당으로 옮겨졌을까? 이런 궁금증도 있습니다. 분명한 것은 엘리의 두 아들과 엘리 사사가 죽을 때까지 성막은 실로에 있었습니다.

여기서 잠깐, 엘리를 제사장으로는 많이 알고 있습니다. 엘리 제사장은 익숙합니다. 그런데 엘리 사사라고 하면 엘리도 사사냐는 반응을 보이는 경우가 있습니다. 다음 성경 말씀을 참고하면 확실해집니다.

"하나님의 궤를 말할 때에 엘리가 자기 의자에서 뒤로 넘어져 문 곁에서 목이 부러져 죽었으니 나이가 많고 비대한 까닭이라 그가 이스라엘의 사사가 된 지 사십 년이었더라." 삼상 4:18

사사는 이스라엘 백성들이 여호수아의 인도로 가나안 땅에 입성한 후에 하나님께서 직접 세워 이스라엘을 다스리게 한 지도자를 일컫는 말입니다. 사사는 종교·정치·군사적인 지도자입니다. 그래서 성경에 사사가 때로는 제사장으로, 또 때로는 선지자로 기록되어 있습니다. 처음 사사가 옷니엘이고 마지막 사사가 사무엘입니다.[2] 사무엘 다음에

---

2) 물론 사무엘상 8장에 기록된 것처럼, 사무엘이 늙어 그의 아들 요엘과 아비야를 이스라엘 사사로 세워 사사가 되기는 했으나, 그들은 자기 아버지의 행위를 따르지 않고 이익을 따라 뇌물을 받고 판결을 굽게 함으로 이스라엘 백성들로 하여금 왕을 구하도록 원인 제공을 해 왕정 시대를 자초했습니다. 그래서 일반적으로 마지막 사사를 사무엘이라고 합니다.

는 사울이 이스라엘의 왕이 되면서 이스라엘도 왕정 시대를 맞게 됩니다. 왕정 시대로 들어서면서, 종교적인 영역인 선지자직·제사장직과 통치 영역인 왕직이 분리됩니다. 사사 시대는 여호수아가 죽고 사울이 왕이 되기까지 사사들이 통치한 기간을 가리킵니다. 사사 시대 기간에 대해 학자들 간에 의견이 다릅니다. 그 기간을 짧게는 120년, 길게는 400년 이상으로 봅니다. 사사 입다가 그 옛날 자신들의 땅을 내 놓으라는 암몬 왕에게 한 말 중에 사사 시대 기간에 대해 알 수 있는 힌트가 들어 있습니다. 여기 나오는 300년을 감안하면, 사사 시대는 최소 300년 이상입니다.

"이스라엘이 '이 땅'에 거주한 지 삼백 년이거늘 그 동안에 너희가 어찌하여 도로 찾지 아니하였느냐." 삿 11:26

성막이 산당으로 옮겨진 것은 가나안 문화 영향일까

성막이 산당 곧 하이 플레이스(높은 곳)로 옮겨진 데는 당시 가나안 문화 영향도 있지 않을까 생각해 봅니다. 성경에서 산당을 찾아보면 바알의 산당도 나옵니다. 이스라엘 백성들이 가나안 땅에 입성하기 전에 그 땅에 살았던 가나안 원주민들은 바알과 아세라 신을 비롯해 여러 우상을 섬겼습니다. 그 우상을 섬기던 장소가 주로 산당 곧 높은 곳에 있었습니다. 그러다 보니 이스라엘 백성들도 산당으로 성막을 옮긴 것이 아닐까 하는 생각을 해봅니다.

솔로몬이 성전을 짓고 기브온 산당에 있던 성막과 성막 안의 기물들을 모두 성전으로 옮겨간 후에도 산당 제사가 이어지는 것을 봅니다. 산당에서 제사하던 습관이 남아 이렇게 된 것 같습니다. 성전을 지은 솔로몬도 말년에는 자신이 아내로 맞은 이방 여인들이 신을 섬길 수 있도록 예루살렘 맞은 편에 산당을 짓기도 했습니다.

"6 솔로몬이 여호와의 눈앞에서 악을 행하여 그의 아버지 다윗이 여호와를 온전히 따름 같이 따르지 아니하고 7 모압의 가증한 그모스를 위하여 예루살렘 앞 산에 산당을 지었고 또 암몬 자손의 가증한 몰록을 위하여 그와 같이 하였으며 8 그가 또 그의 이방 여인들을 위하여 다 그와 같이 한지라 그들이 자기의 신들에게 분향하며 제사하였더라." 왕상 11:6-8

이스라엘이 남북으로 분열될 때, 여로보암은 거리낌 없이 산당을 짓고 레위인이 아닌 제사장을 임명합니다. 아사나 여호사밧 왕 같은 믿음의 왕들이 개혁을 시도하지만, 산당은 없애지 못했다고 성경은 기록하고 있습니다.

"여호사밧이 그의 아버지 아사의 모든 길로 행하며 돌이키지 아니하고 여호와 앞에서 정직히 행하였으나 산당은 폐하지 아니하였으므로 백성이 아직도 산당에서 제사를 드리며 분향하였더라." 왕상 22:43

산당을 없애는 것은 그만큼 저항이 컸던 것 같습니다. 왕이 나서서도 할 수 없을 정도로 산당 제사는 보편화되어 갔습니다. 시간이 흐를수록 산당은 늘어납니다. 이스라엘 백성들이 하나님과 멀어지면 멀어질수록 그들은 하나님의 임재의 상징인 성막에서 하나님이 가르쳐 주신 방식대로 드리는 제사보다 자신들이 만든 산당에서 자기 방식대로 제사하고 분향합니다. 하나님이 정해 주신, 하나님을 중심으로 하기보다 자기들이 정한, 자기들이 중심이 되는 제사를 드립니다. 이와 같은 산당 제사는 결국 이스라엘의 종교적인 타락으로 이어졌습니다.

다윗 성에 있던 언약궤와 기브온 산당에 있던 성막은 솔로몬의 성전으로 옮겨졌다

성전을 짓기 원했지만 하나님이 허락하지 않아 짓지는 못하고 대신 성전 건축 준비를 해 놓고 세상을 떠난 다윗, 그는 생전에 이스라엘 방백들에게 자신의 아들 솔로몬을 도우라고 하면서 마지막으로 당부한 말이 있습니다.

"일어나서 여호와 하나님의 성전을 건축하고 여호와의 언약궤와 하나님 성전의 기물을 가져다가 여호와의 이름을 위하여 건축한 성전에

들이게 하라." 대상 22:19

여호와의 언약궤는 다윗 성 다윗의 천막 아래 있었습니다. 기물은 기브온 산당에 있는 성막에 있었습니다. 솔로몬은 성전을 완공하고 다윗 성에 있던 언약궤와 기브온 산당에 있었던 회막과 기물을 메어 성전으로 옮겼습니다.

"¹ 이에 솔로몬이 여호와의 언약궤를 다윗 성 곧 시온에서 메어 올리고자 하여 이스라엘 장로와 모든 지파의 우두머리 곧 이스라엘 자손의 족장들을 예루살렘에 있는 자기에게로 소집하니 ² 이스라엘 모든 사람이 다 에다님월 곧 일곱째 달 절기에 솔로몬 왕에게 모이고 ³ 이스라엘 장로들이 다 이르매 제사장들이 궤를 메니라 ⁴ <u>여호와의 궤와 회막과 성막 안의 모든 거룩한 기구들</u>을 메고 올라가되 제사장과 레위 사람이 그것들을 메고 올라가매 ⁵ 솔로몬 왕과 그 앞에 모인 이스라엘 회중이 그와 함께 그 궤 앞에 있어 양과 소로 제사를 지냈으니 그 수가 많아 기록할 수도 없고 셀 수도 없었더라." 왕상 8:1-5

이 말씀 중 '솔로몬이 여호와의 언약궤를 다윗 성 곧 시온에서 메어 올리고자 하여 이스라엘 장로와 모든 지파의 우두머리 곧 이스라엘 자손의 족장들을 예루살렘에 있는 자기에게로 소집했다'는 것을 유념해서 보지 않으면, 마치 그때 다윗 성에 언약궤와 회막이 함께 있었던 것으로 오해할 수 있습니다. 이런 오해에 근거해 다윗 성 위에 회막을 그려 놓고 다윗 시대의 예루살렘이라고 설명을 붙인 자료들도 있습니다.

4절은 "(다윗 성에 있던) 여호와의 궤와 (기브온 산당에 있던) 회막과 성막 안의 모든 거룩한 기구들을 메고 올라가되 제사장과 레위 사람이 그것들을 메고 올라가매"라고 이해해야 합니다. 물론 기브온 산당에 있었던 성막과 기물들을 이 행사 전에 미리 철거해 다윗 성에 가져다 놓았다 이날 언약궤와 함께 메어 올려 갔을 가능성은 있습니다. 분명한 것은 성전 봉헌식 날 오랫동안 떨어져 있던 성막과 성막의 기물들과 언약궤가 성전 안에서 온전히 하나가 되었습니다.

이렇게 성경의 분명한 증거가 있음에도 오늘도 여전히 실로에서는 회막이 불타는 것으로 끝나는 영화가 계속 상영되고 있으니 안타까운 일입니다.

그것은 다윗과 솔로몬이 제사드린 장소 차이다

이제 우리가 처음 궁금하게 여겼던 부분으로 다시 돌아갑니다. 앞에서 본 말씀을 다시 봅니다.

"1 솔로몬이 애굽의 왕 바로와 더불어 혼인 관계를 맺어 그의 딸을 맞이하고 다윗 성에 데려다가 두고 자기의 왕궁과 여호와의 성전과 예루살렘 주위의 성의 공사가 끝나기를 기다리니라 ² 그 때까지 여호와의 이름을 위하여 성전을 아직 건축하지 아니하였으므로 백성들이 산당에서 제사하며 ³ 솔로몬이 여호와를 사랑하고 그의 아버지 다윗의 법도를 행하였으나 산당에서 제사하며 분향하더라 ⁴ 이에 왕이 제사하러 기브온으로 가니 거기는 산당이 큼이라 솔로몬이 그 제단에 일천 번제를 드렸더니 ⁵ 기브온에서 밤에 여호와께서 솔로몬의 꿈에 나타나시니라 하나님이 이르시되 내가 네게 무엇을 줄꼬 너는 구하라." 왕상 3:1-5

여기 나오는 "솔로몬이 여호와를 사랑하고 그의 아버지 다윗의 법도를 행하였으나 산당에서 제사하며 분향하더라"는 내용만 보면 솔로몬이 산당에서 제사하며 분향한 것에 대해 부정적으로 묘사하는 것 같습니다. 솔로몬이 그의 아버지 다윗의 법도를 행하였으나 산당에서 제사하며 분향하였다고 하니 솔로몬이 산당에서 제사하며 분향한 것이 잘못인 것 같은 생각이 듭니다. '행하였으나'라는 표현이 부정적으로 들리기 때문입니다. 원어를 찾아 보아도 우리말 성경의 번역과 같습니다. 그런데 그 뒤에 제사 결과에 대해서는 하나님이 좋게 여기십니다.

혼동되기 쉬운 상황입니다. 성경 지리를 알고 이 말씀을 읽으면 이해가 됩니다.

다윗은 기브온 산당에서 제사하지 않았습니다. 오르난의 타작 마당에서 제사했습니다. 그러나 솔로몬은 기브온 산당에 있는 성막에서 제사했습니다. 이 차이를 성경은 '솔로몬이 그의 아버지 다윗의 법도를 행하였으나 산당에서 제사하며 분향하였다'고 설명하고 있는 것입니다. 솔로몬이 다윗의 법도대로 했으나 제사만큼은 다윗과 달리 기브온 산당에 있는 성막에서 드렸다는 의미입니다. 이 말씀을 다윗과 솔로몬이 제사를 드린 장소 차이를 설명하는 것입니다.

기브온교회

기브온 산당에 있는 성막을 살펴보면서, 교회는 어떠해야 하는지, 그것을 찾아 배우려고 합니다. 이것을 저는 기브온 산당에 있는 성막에서 배우는 교회라는 의미를 담아 기브온교회라고 표현합니다.

세상의 영향을 받은 교회

'성막을 산당으로 옮기지 않았더라면 좋지 않았을까' 하는 생각을 해 봅니다. 이미 그 땅에는 산당 제사 문화가 있었습니다. 문화는 많은 사람들이 지속적으로 하는 것입니다. 지속적으로 하다 보면 그것이 문화가 됩니다. 가나안 땅에 들어온 이스라엘 백성들이 하나님을 섬기는 것을 하나님이 정해 주신 방식대로 해야 하는데, 성막을 산당으로 옮긴 것은 오히려 가나안 방식을 이스라엘 백성들이 따라한 것입니다. 하나님은 성막을 산 위에 높은 곳에 세우라고 하지 않으셨습니다. 성막은 항상 진 가운데 있었습니다. 성막은 백성들 가운데 있었습니다. 백성들이 접근하기 쉬운 곳에 있었습니다. 그런데 가나안 땅에 들어와 보니, 가나안 사람들이 신을 높은 산봉우리에서 섬기는 것입니다. 그럴 때는 하나님께 물어야 합니다. 그러나 이스라엘 백성들은 하나님께 묻지 않고 가나안 사람들의 문화를 따라 자신들의 성막도 산당으로 옮겼습니다.

다윗은 기브온 산당에서 제사하지 않았습니다. 언약궤를 찾아온 후에도 기브온 산당에 있는 성막으로 메어가지 않고 자신이 언약궤를 위해 준비한 다윗의 장막에 두었습니다. 다윗이 산당 제사의 위험성을 알고 일부러 기브온 산당에 있는 성막에서 제사하지 않았는지는 모르겠지만, 다윗이 기브온 산당에 있는 성막에서 제사했다는 기록은 성경에 없습니다.

교회는 세상 속으로 들어가서도 교회여야 한다

기독교와 현지 문화와의 접목이라는 문제는 정말 신중하게 다뤄야 합니다. 그렇지 않으면 이내 혼합되어 그 본질을 잃어버릴 수도 있습니다. 예를 들어, 복음이 전해지기 전에 그 땅에서 섬기던 신이 있었다고 가정할 때, 성경을 번역하면서 하나님 이름을 그 신 이름으로 대치하는 일은 굉장히 위험할 수 있습니다. 알라와 하나님을 동일시 하는 것도 생각해 보아야 합니다. 이것이 선교적으로는 어떨지 모르겠지만, 신앙적으로는 많은 혼란을 가져올 수 있습니다. 우리나라에 복음이 들어오던 초기에, 유일의 의미를 담아 '하나'에 존칭 어미 '님'을 붙여 '하나님'이라는 단어를 만들어 하나님으로 소개한 것은 정말 잘한 일입니다.

기브온교회는 교회와 세상의 관계가 어떠해야 하는지에 대해 우리에게 교훈하는 바가 큽니다. 교회는 세상 속으로 들어가야 합니다. 그러나 세상에 동화되어서는 안 됩니다. 거룩해야 합니다. 다른 말로 하면 구별되어야 합니다. 교회는 세상 밖으로 나가서는 안 됩니다. 세상 속으로 들어가야 합니다. 그러나 교회는 달라야 합니다. 다른 종교가 어떻게 하든, 세상이 어떻게 하든, 교회는 교회가 할 일을 해야 합니다. 교회는 이런 것들에 휩쓸리지 않고 하나님이 하라고 하신 일, 하나님이 명하신 대로 해야 합니다. 세상 속으로 들어가지만, 세상과 혼합되지 않고 구별되어야 합니다. 그럴 때 교회는 교회가 됩니다. 교회는 힘이 있습니다.

듣는 마음이 있는 교회

솔로몬이 기브온 산당에서 일천 번제를 드릴 때 하나님께 구한 것이 있습니다. 그것은 '듣는 마음'입니다. 하나님이 자신에게 "내가 네게 무엇을 줄꼬 너는 구하라"왕상 3:5고 하실 때, 솔로몬은 망설이지 않고 듣는 마음을 구했습니다. 개역한글성경에는 '지혜'라고 번역되어 있던 것을 개역개정성경에서는 원문의 의미와 뜻을 살려 '듣는 마음'이라고 번역했습니다. 그러나 평행 구절인 역대하 1장은 개역개정성경도 '지혜와 지식'으로 했습니다. 듣는 마음이 곧 지혜의 근본입니다. 기브온 교회에서 우리는 이것을 배워야 합니다. 기브온교회는 듣는 마음이 있는 교회입니다. 하나님의 말씀은 마음으로 듣습니다. 우리 교회를 포함한 이 땅에 있는 모든 교회는 듣는 마음이 있어야 합니다.

안타깝게도 일천 번제를 드리며 하나님께 구해 받은 '듣는 마음'을 솔로몬은 끝까지 갖고 있지 못했습니다. 솔로몬 말년에 자신의 이방 부인들을 위해 예루살렘 성 맞은편에 산당을 지어 준 것을 기록한 성경을 보면 솔로몬은 듣는 마음을 잃어 버렸습니다.

"6 솔로몬이 여호와의 눈앞에서 악을 행하여 그의 아버지 다윗이 여호와를 온전히 따름 같이 따르지 아니하고 7 모압의 가증한 그모스를 위하여 예루살렘 앞 산에 산당을 지었고 또 암몬 자손의 가증한 몰록을 위하여 그와 같이 하였으며 8 그가 또 그의 이방 여인들을 위하여 다 그와 같이 한지라 그들이 자기의 신들에게 분향하며 제사하였더라 9 솔로몬이 마음을 돌려 이스라엘의 하나님 여호와를 떠나므로 여호와께서 그에게 진노하시니라 여호와께서 일찍이 두 번이나 그에게 나타나시고 10 이 일에 대하여 명령하사 다른 신을 따르지 말라 하셨으나 그가 여호와의 명령을 지키지 않았으므로 ¹¹ 여호와께서 솔로몬에게 말씀하시되 네게 이러한 일이 있었고 또 네가 내 언약과 내가 네게 명령한 법도를 지키지 아니하였으니 내가 반드시 이 나라를 네게서 빼앗아 네 신하에게 주리라." 왕상 11:6-11

솔로몬에게 듣는 마음이 있을 때와 없을 때는 차이가 많이 났습니다. 흥하고 망하는 것이 듣는 마음에 달렸습니다. 살고 죽는 것이 듣는 마음에 달렸습니다. "순종이 제사보다 낫고 듣는 것이 숫양의 기름보다 나으니" 삼상 15:22 라는 사무엘이 사울에게 한 말은 오늘도 여전한 진리입니다. 듣는 마음을 잃어버릴 때 모든 것을 잃어버립니다. 우리는 솔로몬과 사울이 듣는 마음을 잃어버렸을 때 잃은 것이 무엇인지를 주목해야 합니다. 교회의 덕목 중에 덕목은 듣는 마음입니다. 목회자의 덕목 중에 덕목은 듣는 마음입니다. 성도들의 덕목 중에 덕목 역시 듣는 마음입니다.

우리 교회는, 한국교회는, 이 땅에 있는 모든 교회는 듣는 마음이 있어야 합니다. 하나님의 말씀을 듣는 마음, 양심을 통해서 하나님이 들려주시는 소리를 듣는 마음이 있어야 합니다. 만약 듣는 마음을 잃어버렸다면, 서둘러 듣는 마음을 회복해야 합니다. 지금.

3

미스바

사무엘은 마스바에서 이스라엘 온 백성들을 향해 '바알과 아스다롯을 버리고 여호와만 섬기라'고 외칩니다. 바알과 아스다롯 문화를 여호와 문화로 바꾸라는 것입니다. 교회가 세상의 문화에 영향을 미쳐야 합니다. 교회 문화가 세상으로 흘러야 합니다. 세상 문화가 교회를 향해 흘러서는 안 됩니다. 현지화라는 명목으로, 바알과 아스다롯이 문화라는 옷을 입고 들어오도록 해서는 안 됩니다. 이미 들어왔다면 그것을 제거해야 합니다. 우리 안에, 교회 안에 들어와 자리 잡고 있는 세상 문화를 제거해야 합니다. 신앙이 신앙 되기 위해서는, 교회가 교회 되기 위해서는 신앙 안에서, 교회 안에서 바알과 아스다롯을 제거해야 합니다. 그래야 교회가 교회 됩니다.

사무엘과 산당

사무엘이 어린아이였을 때, 사무엘은 실로에 있는 성막에서 자랐습니다. 그곳에서 하나님의 음성도 들었습니다. 엘리와 그의 두 아들 홉니와 비느하스가 죽고 사무엘은 사사가 됩니다.

우리는 사사가 된 사무엘을 만나면서 조금은 당황합니다. 이유는 그가 산당을 드나들기 때문입니다. 사무엘과 사울이 처음 만날 때를 보도한 사무엘상을 보면 거기에 산당이 등장합니다. 그 산당이 부숴 버려야 할 대상이 아니라 제사를 드리는 곳으로 등장합니다. 이 내용을 읽다 당황하는 이유도 이 때문입니다. '사무엘 선지자가 산당에서 제사를 드렸다고?' 이런 의문이 솔로몬이 산당에서 일천 번제를 드린 말씀을 읽을 때처럼 듭니다.

사무엘은 왜 사울에게
산당으로 올라가라고 했을까

왜 사무엘 같은 신실한 선지자가 산당에서 제사를 드렸을까? 드렸다면, 사무엘이 제사를 드린 산당은 어디일까? 이런 의문을 갖고 우리는 성경 속으로 들어갑니다. 먼저 사무엘과 사울의 만남 장면을 기록한 사무엘상 9장에 나오는 산당 관련 말씀을 봅니다.

"그들이 성읍으로 올라가서 그리로 들어갈 때에 사무엘이 마침 산당으로 올라가려고 마주 나오더라." 삼상 9:14

"사무엘이 사울에게 대답하여 이르되 내가 선견자이니라 너는 내 앞서 산당으로 올라가라 너희가 오늘 나와 함께 먹을 것이요 아침에는 내가 너를 보내되 네 마음에 있는 것을 다 네게 말하리라." 삼상 9:19

"그들이 산당에서 내려 성읍에 들어가서는 사무엘이 사울과 함께 지붕에서 담화하고." 삼상 9:25

이 말씀들을 통해 우리는 어렵지 않게 사무엘이 산당에서 제사를 드렸다는 것을 확인할 수 있습니다. 그렇다면 그 산당은 어디일까요? 우리는 '솔로몬은 왜 산당에서 제사를 드렸을까'를 앞에서 같이 살펴보았습니다. 그때 살펴본 대로, 산당이라는 단어 자체가 의미하는 바는 하이 플레이스(High Place), 곧 높은 곳입니다. 산당에서 우상을 숭배하는 일이 많다 보니, 산당하면 산에 있는 점집이나 우상 숭배하는 곳이라는 선입견이 있을 수 있습니다. 실제로 성경에도 산당에서 우상을 숭배한 많은 경우가 있어 산당은 허물어야 할 대상으로 대부분 등장합니다. 그러나 사무엘은 사울 왕이 임의로 제사를 집례한 것을 나무랐던 제사장입니다. 그런 그가 우상을 숭배하는 산당에서 제사를 집례했다고 보기는 무리입니다.

그렇다면 사무엘 때도 솔로몬이 일천 번제를 드릴 때처럼 성막이 산당(하이 플레이스)에 있었을 가능성이 있습니다. 사무엘이 사울에게 올라가라고 한 산당은 기브온 산당과 같이 성막이 있는 산당일 수 있습니다. 우리는 이런 가능성을 열어 두고 사무엘과 사울의 만남에 등장하는 산당을 추적하려고 합니다.

사무엘이 제사 드린 산당을 찾아서

사무엘과 사울의 첫 만남은 베냐민 지파 땅에서다

사무엘과 사울의 첫 만남부터 살펴봅니다. 사울 아버지가 암나귀 떼를 잃어버렸습니다. 사울에게 그것을 찾아오라고 했습니다. 사울이 잃어버린 암나귀들을 찾기 위해 베냐민 땅을 두루 다니며 찾았지만 찾지 못했습니다. 사울과 사환이 숩 땅에 이를 때에 사울이 사환에게 아버지가 걱정하시니 돌아가자고 합니다.

숩 땅이 어딘지 정확히는 알 수 없습니다. 숩은 사무엘과 그의 아버지 엘가나의 조상입니다.삼상 1:1 숩 땅은 숩의 후손, 곧 사무엘이 살고 있는 땅을 의미합니다. 성경의 지명은 때때로 그 땅에서 산 사람의 이름을 따라 부르기도 합니다.

숩 땅에서 사환이 사울에게 이 성읍에 하나님의 사람이 있는데 존경받는 사람이라고 하면서 사무엘에게로 가서 묻자고 합니다. 이에 사울이 사환과 함께 사무엘을 찾으러 갑니다.

"10 사울이 그의 사환에게 이르되 네 말이 옳다 가자 하고 그들이 하나님의 사람이 있는 성읍으로 가니라 11 그들이 성읍을 향한 비탈길로 올라가다가 물 길으러 나오는 소녀들을 만나 그들에게 묻되 선견자가 여기 있느냐 하니 12 그들이 대답하여 이르되 있나이다 보소서 그가 당신보다 앞서 갔으니 빨리 가소서 백성이 오늘 산당에서 제사를 드리므로 그가 오늘 성읍에 들어오셨나이다 13 당신들이 성읍으로 들어가면 그가 먹으러 산당에 올라가기 전에 곧 만나리이다 그가 오기 전에는 백성이 먹지 아니하나니 이는 그가 제물을 축사한 후에야 청함을 받은 자가 먹음이니이다 그러므로 지금 올라가소서 곧 그를 만나리이다 하는지라 14 그들이 성읍으로 올라가서 그리로 들어갈 때에 사무엘이 마침 산당으로 올라가려고 마주 나오더라."삼상 9:10-14

이 말씀에 이어지는 성경 내용은 요약해서 정리해 드립니다. 사무엘상 9장 19절에서 사무엘은 사울에게 "너는 내 앞서 산당으로 올라가라"고 했습니다. 25절에서 사무엘과 사울이 함께 산당에서 내려와 성읍에 들어가서 지붕에서 담화했습니다. 그리고 새벽에 사울과 사무엘이 함께 밖으로 나갑니다. 둘이 함께 성읍 끝에 이르러 사환을 앞서 보내고 사무엘이 기름병을 가져다가 사울의 머리에 붓습니다.삼상 10:1 이렇게 해서 사울은 비공식적으로 이스라엘의 첫 번째 왕으로 기름 부음을 받았습니다. 물론 이후에 공식적인 선출과 공포 그리고 취임식을 갖습니다. 사울이 기름 부음을 받던 날, 하나님이 그에게 새 마음을 주셨고, 하나님의 영이 그에게 임함으로 사울이 예언도 했습니다. 그런 후에, 사울은 산당으로 갔습니다.삼상 10:13

사무엘과 사울이 올라갔던 산당은 베냐민 지파의 땅에 있다

사무엘상 9장과 10장 말씀을 통해 우리는 사무엘과 사울이 올라간 산당이 베냐민 지파의 땅에 있음을 알 수 있습니다. 여기 나오는 산당을 실로로 보기에는 거리적으로도 무리입니다. 그렇다면 사울의 집이 있는 기브아, 솔로몬이 일천 번제를 드린 기브온, 사무엘의 집이 있는 라마, 그리고 미스바가 사무엘이 올라간 산당의 유력한 후보지입니다. 산당이 높은 곳을 가리키기 때문에, 이 산당이 사무엘의 집이 있는 라마의 가장 높은 곳일 수도 있습니다. 성경에도 사무엘이 라마에서 제단을 쌓았다는 표현이 있습니다.삼상 7:17 이것을 근거로 사무엘 때 성막이 있는 산당이 라마에 있었다고 단정할 수는 없지만, 그렇게 해석할 수 있는 개연성은 있습니다.

관련 성경을 종합하면, 사무엘이 사는 성읍, 곧 마을 안에 산당이 있지는 않았습니다. 만약 성막이 사무엘의 고향 라마에 있었다면, 라마 성읍은 아래쪽이나 중간에 있고 산당은 위쪽에 있었을 것입니다. 사울은 산당에 올라가려고 성읍에서 나온 사무엘과 만났습니다. 사무엘과 사울은 산당에서 함께 내려왔습니다. 정황상 사무엘의 성읍 라마와 산당은 지근거리입니다.

사무엘이 사울에게 기름을 부은 곳이 산당은 아닙니다. 사무엘이 사는 성읍 끝에서 사울과 단둘이 있을 때 기름을 부었습니다. 사무엘이 사는 성읍 끝에서 사무엘에 의해 기름 부음을 받은 사울은 거기서 산당으로 올라갔습니다. 이로 미루어 산당은 성읍에 있지 않고 성읍에서 올라가야 있습니다. 그곳이 라마라면 라마의 위쪽이고, 기브아라면 기브아의 위쪽이고, 기브온이라면 기브온의 위쪽이고 미스바라면 미스바의 위쪽입니다. 아니면 라마, 기브아, 기브온, 미스바를 모두 포함하고 있는 베냐민 지파의 땅에서 높은 쪽입니다.

사무엘 때 성막은 베냐민 지파의 땅에 있었다

사무엘 때 성막의 위치가 많이 좁혀졌습니다. 분명한 것은 성막이 사무엘 때 실로에서 베냐민 지파의 땅으로 옮겨졌습니다. 베냐민 지파의 땅 중에도 사무엘의 집 라마와 가까운 곳으로 성막은 옮겨졌습니다. 사무엘의 집이 있었던 베냐민 땅에서 하이 플레이스, 곧 산당은 어디일까요? 사무엘의 집이 있었던 라마에서 가장 높은 곳은 라마의 정상입니다. 라마를 포함해 베냐민 지파의 땅에서 가장 높은 곳은 어디일까요? 그곳에 성막이 있었을 가능성이 가장 높습니다.

  이 답은 현장에서 찾아야 할 것 같습니다. 이 작업을 잠시 뒤로 미루고, 사무엘이 이스라엘을 어디서 통치했는지, 사무엘 때 헤드쿼터는 어디였는지를 찾아보려고 합니다.

  헤드쿼터는 지휘 본부나 통치 본부 정도로 번역이 가능합니다. 이런 관점에서는 헤드쿼터를 여기에 사용하기에는 좀 작게 느껴집니다. 그렇다고 수도라고 하기도 어렵습니다. 예를 들어 '사무엘 때 이스라엘의 수도는 어디였는지를 찾아보려고 한다'고 하기는 무리입니다. 성경을 보면, 이스라엘 백성들이 가나안 땅에 들어간 후부터 왕정 시대가 도래하기까지 지파자치를 했습니다. 사사 시대에는 어떤 특정한 사안이나 전쟁 같은 일이 있을 때만 사사를 중심으로 전체 이스라엘이 모여 일을 처리하거나 전쟁을 수행했습니다. 사사 시대는 다른 말로 지파 자치 시대입니다. 이런 상황에 수도라는 표현을 사용하는 것이 조심스럽습니다. 수도라는 표현은 다윗 왕이 헤드쿼터로 삼은 예루살렘을 두고나 쓸 수 있을 것 같습니다. 그래서 헤드쿼터라는 단어를 사용합니다.

  사무엘의 헤드쿼터를 알면 당시 성막이 어디 있었는지를 알기가 한층 쉬워집니다. 왜냐하면 많은 경우 헤드쿼터와 성막은 함께 있었기 때문입니다. 이스라엘은 광야에서부터 성막 중심이었습니다. 진 중심에는 항상 성막이 있었습니다. 이스라엘 백성들이 가나안 땅에 들어가 처음으로 진을 친 곳이 길갈입니다. 그곳이 이스라엘의 헤드쿼터였습니다. 거기 성막이 있었습니다. 길갈에서 실로로 성막을 옮기면서 헤드쿼터도 함께 옮겨갔습니다. 이런 점을 염두에 두고 사무엘의 헤드쿼터를 찾으려고 합니다.

사무엘이 이스라엘을 다스린 헤드쿼터를 찾아서

사무엘은 어디서 이스라엘 백성들을 다스렸을까요? 이제 우리는 사무엘의 헤드쿼터를 성경을 통해 찾아보려고 합니다.

사무엘의 헤드쿼터에 성막이 있을 가능성이 크다

이스라엘 백성들이 가나안 땅에 들어간 후에, 다윗이 예루살렘을 정복해 헤드쿼터로 삼기까지 이스라엘의 헤드쿼터는 여기저기 옮겨 다녔습니다. 엘리 사사가 이스라엘을 다스리던 때는 성막이 실로에 있었습니다. 그때는 실로가 헤드쿼터였습니다. 사무엘은 어렸을 때 이 실로에 있는 성막에서 자랐습니다. 사무엘은 엘리와 그의 두 아들 홉니와 비느하스가 죽은 후, 그 뒤를 이어 이스라엘의 사사가 되었습니다. 사무엘은 사사지만, 사사기에는 등장하지 않습니다. 사무엘이 역사에 등장하는 것은 사무엘서입니다. 한나가 기도하여 사무엘을 낳고 서원대로 하나님께 드림으로 어린 사무엘은 실로에 있는 성막에서 자랍니다. 사무엘이 자라매 여호와께서 그와 함께 계셔서 그의 말이 하나도 땅에 떨어지지 않게 하셨습니다. 엘리 사사는 자신의 뒤를 아들들이 이어 가길 소망했습니다. 이런 바람 때문인지는 몰라도 엘리의 아들들이 사사로 블레셋과 전쟁을 하기도 했습니다. 그러나 그들은 하나님이 보시기에 악했습니다.

사울이 살아 왕으로 재위하고 있는 중에 하나님이 다윗에게 기름을 부으신 것처럼, 엘리와 그의 두 아들이 살아 있었지만, 하나님과 이스라엘 백성들의 마음은 사무엘에게 기울어졌습니다. 엘리와 그의 두 아들이 생존해 있을 때 이미 단에서 브엘세바까지 온 이스라엘이 사무엘은 여호와의 선지자로 세우심을 입은 줄 알았습니다. 여호와께서도 실로에서 말씀으로 자기를 사무엘에게 나타내셨습니다.

그렇지만 엘리와 그의 두 아들 홉니와 비느하스가 이스라엘을 통치하는 동안 사무엘은 역사의 전면에 나서지 않습니다. 그러다 블레셋과의 전쟁 중에 엘리의 두 아들이 죽고 그 소식을 들은 엘리도 죽습니다. 이 일을 기록한 성경은 홉니와 비느하스가 빼앗긴 언약궤 이야기를 자세히 기록하고 있습니다. 그 언약궤를 가져간 블레셋 땅에 어떤 일들이 있었는지, 왜 블레셋이 그 언약궤를 왜 돌려보낼 수밖에 없었는지를 자세히 일러줍니다. 사무엘상 4장부터 6장까지 이 이야기가 이어집니다. 언약궤 이야기는 블레셋에서 돌아온 언약궤가 기럇여아림에 들어간 날부터 20년 동안 거기 오래 있었다는 것으로 끝납니다. 그리고 사무엘상 7장에서 사무엘이 등장해 이스라엘 온 족속에게 외칩니다.

"만일 너희가 전심으로 여호와께 돌아오려거든 이방 신들과 아스다롯을 너희 중에서 제거하고 너희 마음을 여호와께로 향하여 그만을 섬기라 그리하면 너희를 블레셋 사람의 손에서 건져내시리라." 삼상 7:3

이 말씀을 언약궤가 블레셋에서 돌아와 20년이 지난 후에 한 말이라고 해석할 여지도 있습니다. 성경의 기록 순으로 보면 그렇습니다. 하지만, 성경은 많은 경우 중간에 어떤 사건의 시종을 끼워 넣고 이야기를 이어갑니다. 이런 관점에서 보면, 이 말씀은 엘리와 그의 두 아들 홉니와 비느하스가 죽고 바로 사무엘이 이스라엘 백성들에게 한 말이라고 할 수 있습니다. 아무래도 후자가 자연스럽습니다. 이스라엘이 블레셋과 전쟁을 하다 통치자를 잃었는데, 통치자 없이 20년을 지냈다는 것은 무리입니다. 사무엘은 엘리의 뒤를 이어 이스라엘의 사사가 되어 홉니와 비느하스가 하던 블레셋과의 전쟁을 이어서 했습니다.

사무엘은 미스바에서 이스라엘 자손을 다스렸다

사무엘이 사사가 되어 공식적으로 이스라엘 백성들을 향해 한 말은 '이방 신들을 버리고 여호와만 섬기라'입니다. 이 말을 들은 이스라엘 백성들이 바알과 아스다롯을 제거하고 여호와만 섬겼습니다.

그런 후 사무엘은 온 이스라엘을 미스바로 소집했습니다. 백성들은 미스바에 모여 물을 길어 여호와 앞에 붓고 금식하고 회개했습니다. 성경은 이 내용을 보도하면서 끝부분에 "사무엘이 미스바에서 이스라엘 자손을 다스렸리니라"삼상 7:6고 기록하고 있습니다.

여기에 우리가 찾는 중요한 내용이 들어 있습니다. 지금 우리는 사무엘의 헤드쿼터를 찾고 있습니다. 그 헤드쿼터가 여기 나옵니다. 사무엘은 미스바에서 이스라엘을 다스렸습니다.

사무엘의 헤드쿼터는 미스바다

이스라엘 자손이 미스바에 모였다는 소식을 블레셋 사람들이 듣고 그들의 방백들이 이스라엘을 치러 올라왔습니다. 미스바에 있던 이스라엘 백성들이 듣고 블레셋 사람들을 두려워하여 사무엘에게 매달렸습니다.

"당신은 우리를 위하여 우리 하나님 여호와께 쉬지 말고 부르짖어 우리를 블레셋 사람들의 손에서 구원하시게 하소서."삼상 7:8

이에 사무엘이 젖 먹는 어린양 하나를 가져다가 온전한 번제를 여호와께 드리고 이스라엘을 위하여 여호와께 부르짖었고 여호와께서 응답하셨습니다. 사무엘이 번제를 드릴 때에 블레셋 사람이 이스라엘과 싸우려고 미스바로 다가왔습니다. 성경은 "그 날에 여호와께서 블레셋 사람에게 큰 우레를 발하여 그들을 어지럽게 하시니 그들이 이스라엘 앞에 패한지라"삼상 7:10고 기록하고 있습니다.

이스라엘 사람들이 미스바에서 나가서 블레셋 사람들을 추격하여 벧갈 아래에 이르기까지 쳤습니다. 블레셋과의 전쟁에서 승리한 후 사무엘이 돌을 취하여 미스바와 센 사이에 세우고 '여호와께서 여기까지 우리를 도우셨다'고 하고 그 이름을 에벤에셀이라고 명명했습니다. 잘 아는 대로 에벤에셀의 뜻은 도움의 돌입니다. 이후로 사무엘이 사는 날 동안에는 블레셋이 다시는 이스라엘 지역 안에 들어오지 못했습니다. 이스라엘은 블레셋 사람들에게 빼앗겼던 에그론에서 가드까지 그 사방 성읍을 블레셋 사람들의 손에서 도로 찾았습니다.

사무엘 때 성막은 미스바에 있었을 가능성이 높다

사무엘의 공식 취임 후의 사역을 성경을 통해 살펴보는 중에 우리는 어렵지 않게 사무엘이 헤드쿼터를 미스바로 정한 것을 알게 되었습니다. 헤드쿼터가 실로에서 미스바로 옮겨졌다는 것은 곧 성막도 미스바로 옮겨졌다는 의미입니다. 성경을 통해 살펴보면, 헤드쿼터와 성막은 함께 움직입니다. 광야에서부터 이스라엘 백성들은 성막을 중심으로 진을 치는 것이 생활화 되었습니다.

성막이 미스바로 옮겨졌다는 것은 미스바에서 온 이스라엘이 모여 물을 길어 여호와 앞에 부었다는 것을 통해서도, 사무엘이 젖 먹은 어린양 하나를 가져다가 온전한 번제를 여호와께 드렸다는 것을 통해서도

도 알 수 있습니다. 번제의 규례를 보면, 번제는 성막에서 드리게 되어 있습니다. 다윗이 언약궤 앞에서 번제를 드린 것을 제외한 대부분의 경우 번제는 성막에서 드렸습니다.

또한 위 내용 중에, '여호와 앞에'가 등장합니다. "사무엘이 이르되 온 이스라엘은 미스바로 모이라"삼상 7:5는 표현이 있고, "백그들이 미스바에 모여 물을 길어 여호와 앞에 붓고"삼상 7:6라는 표현이 있습니다. 성경에서 '여호와 앞'이라는 이 표현이 가장 많이 사용된 경우는 "너는 회막 문 여호와 앞에서 그 송아지를 잡고"출 29:11처럼, 성막에서 드리는 제사와 관련이 있습니다.

성경은 사무엘이 공식 취임과 함께 블레셋을 물리치는 역사를 기록한 후에 사무엘의 통치 사역을 간략하게 정리해 놓았습니다.

> "15 사무엘이 사는 날 동안에 이스라엘을 다스렸으되 16 해마다 벧엘과 길갈과 미스바로 순회하여 그 모든 곳에서 이스라엘을 다스렸고 17 라마로 돌아왔으니 이는 거기에 자기 집이 있음이니라 거기서도 이스라엘을 다스렸으며 또 거기에 여호와를 위하여 제단을 쌓았더라."
> 삼상 7:15-17

사무엘은 벧엘과 길갈과 미스바로 순회하며 모든 곳에서 이스라엘을 다스렸습니다. 자기 집이 있는 라마에서도 다스렸습니다. 사무엘은 언제 어디서나 이스라엘을 다스렸습니다. 성실한 지도자입니다. 이와 같이 성경에는 사무엘이 미스바에서 이스라엘을 다스렸다는 기록과 함께, 사무엘이 라마 자기 집에서도 집무를 봤다는 기록도 있습니다.

사무엘은 미스바에서 사울을 이스라엘 초대 왕으로 선출하여 공포했습니다. 사무엘상 10장 반면, 이스라엘 모든 장로들이 왕을 세워 달라고 사무엘을 찾아가 간청한 곳은 라마입니다.

"4 이스라엘 모든 장로가 모여 라마에 있는 사무엘에게 나아가서 5 그에게 이르되 보소서 당신은 늙고 당신의 아들들은 당신의 행위를 따르지 아니하니 모든 나라와 같이 우리에게 왕을 세워 우리를 다스리게 하소서 한지라." 삼상 8:4-5

사무엘의 헤드쿼터는 미스바고 관저는 라마에 있었다고 생각하면 이해가 쉬울 것 같습니다.

사무엘의 공식 사역 시작과 끝은 미스바에서 이루어졌다

앞에서 살펴본 대로 사무엘의 첫 공식 사역은 미스바에서 이루어졌습니다. 마지막 공식 사역 역시 미스바에서 이루어졌습니다. 사무엘이 사울에게 기름을 부은 후에 이스라엘 백성들을 미스바로 모이라고 하고 그곳 미스바에서 사울을 이스라엘의 왕으로 선출하고 공포했습니다. 삼상 10:17 이것은 사무엘이 사무엘의 헤드쿼터에서 치른 마지막 공식 행사입니다.

이후, 사울이 왕으로 취임하면서 헤드쿼터는 옮겨집니다. 사울의 헤드쿼터는 미스바가 아닙니다. 헤드쿼터가 옮겨졌다는 것은 곧 성막도 함께 옮겨졌다는 의미입니다. 헤드쿼터가 옮겨진 후, 곧 사울이 헤드쿼터를 옮긴 후 사무엘과 사울과 관련해 산당은 더 이상 성경에 등장하지 않습니다. 산당, 곧 하이 플레이스가 아닌 곳으로 성막이 옮겨졌기 때문입니다.

라마도, 기브아도, 기브온도, 미스바도 모두 베냐민 지파 땅에 있는 산입니다. 당연히 산에는 봉우리가 있습니다. 그 봉우리를 산당이라고 합니다. 사무엘과 사울의 만남에 등장하는 산당은 이 네 곳 가운데 하나입니다. 성막과 헤드쿼터가 함께 있다는 것을 감안해서 우리는 조심스럽게 사무엘이 사울과 함께 올라간 산당은 미스바라고 추정합니다. 실로나 기브온 산당처럼 성경에 문자적으로 미스바에 성막이 있었다고 기록되어 있지는 않습니다. 다만 지금까지 살펴본 것과 같은 과정을 통해 추정하는 것입니다.

미스바는 망대,
곧 워치타워(Watchtower)다

오늘날도 대형 집회를 하면서 미스바 대성회라는 타이틀을 다는 경우가 있습니다. 저도 어려서 미스바가 뭔지도 모를 때부터 많이 들었던 이름입니다.

미스바는 일반 명사이자 지명입니다. 성경에 미스바 또는 미스베라고 나와 있는데 망대(望臺)로 의미는 같습니다. '망을 본다 또는 전망대'라고 할 때 들어 있는 '망'자가 망대의 망(望)자입니다. 사전적인 의미는 적이나 주위의 동정을 살피기 위하여 높이 세운 곳을 가리킵니다. 영어로는 워치타워(Watchtower)라고 하지요.

성경에서 미스바는 대부분 지명으로 사용되었고, 망대라는 명사로 사용된 경우도 간혹 있습니다.

"유다 사람이 들 망대에 이르러 그 무리를 본즉 땅에 엎드러진 시체들뿐이요 한 사람도 피한 자가 없는지라."대하 20:24

여기 나오는 망대가 미스바입니다. 이스라엘에는 미스바라는 지명을 가진 곳이 여러 곳입니다. 대부분 지형 자체가 망대 같은 역할을 하는 곳들입니다. 높은 곳에 위치해 그곳에서 적의 동태를 파악할 수 있는 그런 지형을 미스바라고 불렀기 때문에 미스바가 여러 곳입니다. 사사 입다가 암몬과 싸우기 위해 출전한 곳도 미스바인데, 이곳은 요단 강 동편에 있습니다.

성경을 읽다가 미스바가 나오면 어디에 있는 미스바인지를 잘 구분해야 합니다. 광주가 나오면 경기도 광주인지 전라도 광주인지를 구분해야 하는 것과 같은 이치입니다. 우리가 여기서 다루는 미스바는 베냐민 지파 땅 안에 있는 미스바입니다. 미스베는 미스바와 같은 곳입니다. 이름이 의미하는 것처럼 미스바는 그 땅 자체가 '망대' 역할을 해야 합니다. 그러기 위해서는 당연히 높은 곳에 있어야 하고 사방을 조망할 수 있는 곳이어야 합니다.

성경지리연수 중에
미스바에 오르다

성지연수 중에 라마가 있고 기브아가 있고 기브온이 있고 미스바가 있는 그 옛날 베냐민 지파의 땅으로 가서 이 중에서 가장 높은 곳에 올라갔습니다. 오늘날 그곳의 이름은 '나비 사무엘'입니다. 이곳은 유대인들이 사무엘의 묘가 있다고 주장하는 곳입니다. 그곳에 올라가면 사방이 모두 보입니다. 남쪽으로는 사울의 집이 있었던 기브아가 보입니다. 그 아래로 예루살렘이 보입니다. 북쪽으로는 라마가 보입니다. 그곳에서 바라보면 텔 기브온도 보입니다. 기브온 성읍 유적지가 발굴되었다는 텔 기브온입니다. 마침 맑은 날에 올라갔기 때문에 이 모든 곳들이 선명하게 보였습니다. 사진에서도 자세히 보면 보입니다.

위 지도에서 보는 것처럼 예루살렘에서부터 북쪽으로 기브아, 미스바, 기브온, 라마가 사선으로 나란히 서 있습니다. 지근거리입니다. 이 중에 가장 높은 곳이 오늘의 나비 사무엘입니다. 나비 사무엘 국립공원 안내서에는 이곳이 미스바라고 소개되어 있습니다. 로빈슨(Robinson)이란 사람이 이곳을 미스바로 추정했습니다. 전통적으로는

나비 사무엘

예루살렘에서 북쪽으로 12km 떨어진 텔 엔 나스베를 미스바로 봅니다. 이전까지만 해도 저는 미스바의 위치에 대해 둘 사이에서 고민했는데, 현장에 가 본 후로는 미스바를 오늘의 나비 사무엘로 받아들입니다. 이곳에 올라가 보면 넓은 평지가 있습니다. 높은 산 정상에 넓은 평지가 있습니다. 이곳에서 사방이 모두 보입니다. 그야말로 미스바, 곧 망대입니다.

미스바교회

미스바를 통해 교회를 배웁니다. 미스바를 통해 하나님이 꿈꾸시는 교회, 예수님이 원하시는 교회는 어떤 교회일까를 생각해 봅니다.

모이는 교회

미스바교회는 모이는 교회입니다. 미스바는 모이는 곳입니다. 이스라엘 백성들이 회개하고 새롭게 되기 위해 모였고, 사울을 왕으로 세우기 위해 모였습니다. 사사 시대에는 기브아 사람들이 불의한 일을 행할 때, 그 악을 제거하기 위해 이스라엘 온 민족이 미스바에 모였습니다. 에브라임 산지에 사는 레위인의 첩이 기브아 사람들에 의해 성폭행을 당하고 죽은 사건 때입니다. 이스라엘 백성들은 미스바교회에 모여서 회개하고, 모여서 왕을 세우고, 모여서 악을 제거했습니다.

히브리서 기자는 "²⁴ 서로 돌아보아 사랑과 선행을 격려하며 ²⁵ 모이기를 폐하는 어떤 사람들의 습관과 같이 하지 말고 오직 권하여 그 날이 가까움을 볼수록 더욱 그리하자"히 10:24-25고 외쳤습니다. 교회는 모이는 곳입니다. 한국교회의 특기이자 장점 중에 하나는 모이는 것입니다. 모여야 교회입니다. 모이기를 폐하면 교회도 폐하여 집니다. 모이는 것이 약화되면 교회도 약화됩니다. 교회는 '모이기를 폐하는 어떤 사람들의 습관'을 배격해야 합니다. 교회는 미스바교회처럼 모여야 합니다. 힘써 모여야 합니다.

우상을 제거한 교회

미스바교회는 우상을 제거했습니다. 사무엘은 이스라엘 온 족속을 향해 말했습니다. 그리고 이스라엘 백성들의 갈 길과 살 길을 제시했습니다.

"만일 너희가 전심으로 여호와께 돌아오려거든 이방 신들과 아스다롯을 너희 중에서 제거하고 너희 마음을 여호와께로 향하여 그만을 섬기라 그리하면 너희를 블레셋 사람의 손에서 건져내시리라."삼상 7:3

사무엘은 사사로 공식 사역을 시작하면서 이스라엘의 문제가 무엇인지, 왜 이런 일들이 일어나는지를 정확하게 파악했습니다. 이스라엘이 블레셋에 의해 이렇게 괴롭힘을 당하고 끌려 다니고 패하는 이유, 블레셋에게 언약궤를 빼앗기는 이 모욕과 무력감, 언약궤를 전장으로 가져갔지만 그 언약궤가 아무런 힘도 도움도 되지 않았던 이유, 엘리의 두 아들 홉니와 비느하스가 블레셋의 손에 죽은 일, 그 일들의 뿌리, 그 일들의 원인을 사무엘은 이스라엘의 우상 숭배로 보았습니다. 이것이 '우상을 제거하고 하나님만 섬기라'는 취임 일성이 되어 나온 것입니다. 이 말을 들은 이스라엘 자손들이 바알들과 아스다롯을 제거하고 여호와만 섬겼습니다.

우상 숭배도 문화가 되면 자연스럽게 따라한다

바알과 아스다롯은 가나안 사람들이 섬기던 신 이름입니다. 바알과 아스다롯은 부부 신입니다. 바알의 어머니 신 이름이 아세라입니다. 그래서 성경에 바알과 아세라가 짝을 이뤄 등장하기도 합니다. 아세라에게는 70명의 자녀 신이 있다고 하는데 바알도 그중에 하나입니다. 바알과 아세라를 극렬하게 숭배했던 사람은 아합 왕의 아내 이세벨입니다. 이세벨의 식탁에서 함께 밥을 먹은 바알의 선지자가 450명, 아세라의 선지자가 400명이나 될 정도입니다.

오늘날 바이블랜드에 가면 박물관에 바알과 아세라 또는 아스다롯의 신상들이 있습니다. 성경을 읽으면서 우리는 바알과 아스다롯 신상

바알과 아세라로 대표되는 가나안 신상들

이 대단히 클 것으로 생각합니다. 어쩌면 이것은 우리가 익히 알고 보는 우상의 크기에 바알과 아스다롯을 대입한 결과인지 모릅니다. 그런데 막상 가서 보니 바알과 아스다롯 신상은 작았습니다. 물론 큰 신상들도 있지만 대부분 작았습니다. 주머니에 휴대가 가능하고 집 안에 진열이 가능한 크기였습니다. 당시 사람들이 우상을 휴대하며 항상 우상과 함께 했던 것을 봅니다.

이스라엘 백성들은 목축업이 주였습니다. 애굽 땅에 내려가서도 고센 땅을 받아 목축업에 종사했습니다. 그러던 그들이 가나안 땅에 들어왔습니다. 이스라엘 백성들에게 목축업과 관련된 하나님은 친숙하고 자연스럽습니다. 그들은 '여호와는 나의 목자'라고 고백하며 하나님을 섬겼습니다. 가나안 땅에 들어온 후에도 그들은 여전히 목축을 하기도 했지만, 농사라는 새로운 문화를 접하게 됩니다. 농사를 배워야 하는 상황입니다. 그러다 보니, 그들은 그 땅에 살고 있던 사람들을 주목했습니다. 그들에게 농사를 배웠습니다. 씨는 언제 뿌리고, 거름은 언제 주고, 추수는 언제 하는지, 하나하나 배웠습니다. 그러다 그들이 발견한 것이 농사의 신이자 풍년의 신인 바알과 아스다롯입니다. 가나안 사람들이 농사를 시작할 때, 추수할 때, 농사의 신이자 풍년의 신인 바알과 아스다롯에게 제사를 지냅니다.

 농사를 배우면 농사만 배웠어야 했는데, 바알과 아스다롯 숭배까지 배웠습니다. 가나안 땅에 살던 사람들에게 바알과 아스다롯 숭배는 이미 농사 문화의 일부였습니다. 무엇이든 문화가 되면 받아들이기도 쉽고 그 속도도 빠릅니다. 또한 이스라엘 백성들 생각에 하나님은 목축의 신이라고 생각해서, 하나님은 목축에는 능하시지만 농사에는 약하실 것으로 생각했는지 모릅니다. 그들은 목축을 위해서는 목축의 신 하나님을 섬겨야 하겠지만, 농사를 위해서는 농사의 신, 풍요의 신인 바알과 아스다롯을 섬겨야 한다고 생각했는지 모릅니다. 이스라엘 백성들은 중요한 것을 놓쳤습니다. 하나님은 전능하십니다. 목축업만이 아니라 농업, 어업, 임업, 산업 등 모든 것에 능하신 하나님입니다. 이스라엘 백성들에게 하나님은 작은 하나님, 한계가 있는 하나님이었던 것 같습니다.

이스라엘은 급속도로 현지화 되었다

여호수아가 죽자마자, 가나안 땅에 들어온 이스라엘 백성들은 바알과 아스다롯을 섬깁니다. 놀랍게 빠른 속도입니다. 광야에서 하나님이 그들을 어떻게 인도하셨는지, 그야말로 광야에서 먹던 만나가 아직 소화도 되지 않았을 때에 그들은 바알에게 달려갔습니다. 급속도로 현지화되어 가는 이스라엘을 봅니다.

가나안 사람들이 이스라엘 사람들의 영향을 받아야 하는데, 거꾸로 가나안 사람들의 영향을 이스라엘 사람들이 받고 있습니다. 예수 복음을 그 땅에 사는 사람들에게 전해 예수 문화를 만들어야 하는데, 오히려 선교사들이 그들의 우상 숭배 문화를 받아들임으로 예수 문화가 아니라 현지 우상 문화 속으로 들어간 것과 같은 격입니다.

예수님이 교회를 향해 세상의 빛과 소금이 되라고 하신 말씀의 의미 속에는 교회가 세상의 영향을 받지 말고 세상에 영향을 끼치라는 것도 들어 있습니다. 이스라엘 백성들은 가나안 땅에 들어가 하나님의 영향을 그들에게 끼쳐 하나님 문화를 만들어야 하는데, 오히려 그 반대로 바알과 아스다롯의 영향을 받아 바알과 아스다롯 문화에 젖어든 것입니다. 선교 정책 중에 '현지화'라는 것이 있습니다. 조심스럽게 다뤄야 합니다. 잘못하면 가나안 땅에 들어간 이스라엘 백성들처럼 될 수 있습니다.

문화를 바꾼 교회

사무엘은 이런 상황 가운데 이스라엘 온 백성들을 향해 '바알과 아스다롯을 버리고 여호와만 섬기라'고 외칩니다. 바알과 아스다롯 문화를 여호와 문화로 바꾸라는 것입니다. 교회가 세상의 문화에 영향을 미쳐야 합니다. 교회 문화가 세상으로 흘러야 합니다. 세상 문화가 교회를 향해 흘러서는 안 됩니다. 현지화라는 명목으로, 바알과 아스다롯이 문화라는 옷을 입고 들어오도록 해서는 안 됩니다. 이미 들어왔다면 그것을 제거해야 합니다. 우리 안에, 교회 안에 들어와 자리 잡고 있는 세상 문화를 제거해야 합니다. 신앙이 신앙 되기 위해서는, 교회가 교회 되기 위해서는 신앙 안에서, 교회 안에서 바알과 아스다롯을 제거해야 합니다. 그래야 교회가 교회 됩니다.

미스바교회는 우상을 제거했습니다. 문화가 된 바알과 아스다롯을 제거했습니다. 습관을 바꾸는 것 만큼이나 문화를 바꾸는 것도 어려운 일입니다. 그러나 미스바교회는 그 일을 해냈습니다. 바알과 아스다롯을 제거했습니다.

놀라운 일이 일어났습니다. 이스라엘 백성들은 그들을 괴롭히던 블레셋의 손으로부터 구원받았습니다. 그들은 블레셋과 싸워 이겼습니다. 그 전쟁이 어떻게 진행되었는지를 우리는 앞에서 살펴봤습니다. 하나님이 하셨습니다. 하나님이 싸우셨습니다. 이스라엘 백성들이 바알과 아스다롯을 제거하자, 하나님께서 블레셋과 싸우셨습니다. 하나님이 싸우시면 이깁니다.

감람 산에서 바라본 예루살렘 성. 사진 앞쪽에 보이는 것은 무덤들이다.
자세히 보면 석관 위에 돌이 올려져 있는 것이 보일 것이다.

기억하는 교회

미스바교회는 하나님의 도우심을 기억했습니다. 블레셋에게 승리한 이스라엘은 미스바와 센 사이에 에벤에셀 곧 도움의 돌을 세우고 하나님이 여기까지 우리를 도우셨다고 고백했습니다. 미스바교회는 하나님이 하신 일을 하나님이 하셨다고 인정했습니다. 하나님이 블레셋과 싸우는 중에 이스라엘을 도와주셨습니다. 미스바교회는 하나님이 하신 이 일을 하나님이 하셨다고 돌을 세우고 고백했습니다.

돌을 세운 것은 오랫동안 기억하기 위함입니다. 이스라엘 백성들이 요단을 건넌 후에 요단 강에서 열두 돌을 취해 세운 것도 같은 의미입니다.

예루살렘 맞은편 감람 산 곧 올리브 산에 올라 예루살렘을 바라보면 그 앞쪽에 돌무덤이 즐비하게 놓여 있습니다.

이 돌무덤을 유심히 보면, 그 위에 돌들이 올려져 있는 것이 보일 것입니다. 이것은 이 무덤 속에 있는 사람의 후손이나 그를 아는 사람들이 찾아와 기억하겠다는 의미로 올려 놓은 것입니다. 돌은 변하지 않습니다. '우리는 변함없이 당신을 기억하겠습니다.' 이런 의미입니다.

사무엘이 미스바와 센 사이에 돌을 세운 것도, '하나님이 여기까지 우리를 도우신 것을 우리는 잊지 않고 기억하겠다'는 의미입니다. 미스바교회는 기억하는 교회입니다.

교회는 기억해야 합니다. 교회를 세우기 위해 예수님이 하신 희생을 기억해야 합니다. 당신의 몸을 제물로 영원한 번제를 드림으로 구원의 문을 열어주시고, 그 피로 구원받은 이들을 위해 교회를 세워주신 예수님을 기억해야 합니다. 우리는 모일 때마다 교회를 세우시기 위해 피흘려 주신 예수님을 기억해야 합니다. 기억하면 감사합니다.

또한 교회를 세우기 위해 애쓰고 수고한 선조들도 기억해야 합니다. 어제 없는 오늘이 없습니다. 오늘의 교회가 있기까지 어제 교회를 세우기 위해 애쓰고 힘쓴 이들이 있습니다. 한국교회 역시 우리 선조들의 순교의 피와 눈물과 희생 위에 세워졌습니다. 우리는 그것을 기억해야 합니다. 한국교회를 위해 수고하고 헌신한 이들을 기억해야 합니다. 우리가 속한 교회를 세우기 위해 힘쓰고 애쓴 이들을 기억해야 합니다. 교회를 위해 충성하고 헌신하다 먼저 천국으로 간 이들도 있습니다. 교회는 그들도 기억해야 합니다. 기억하면 감사합니다.

절차도 중시한 교회

미스바교회는 절차도 중시했습니다. 목적만 좋으면 과정이나 절차는 무시하거나 가볍게 여기는 경향이 있습니다. 그러나 미스바교회는 절차의 중요성을 우리에게 가르쳐 줍니다. 사울은 사무엘을 통해 성읍 끝자락에서 기름 부음을 받았습니다. 사무엘은 사울에게 개인적으로 하나님이 그를 택하셨음을 알려주었습니다. 그것으로 끝나지 않았습니다. 사무엘은 이어 이스라엘 백성들을 미스바로 모아 사울을 왕으로 선출하는 절차를 밟았습니다. 제비 뽑는 절차를 거쳐 사울을 이스라엘의 왕으로 선출하고 공포했습니다. 하나님께서 주신 내적 확신을 백성들과 함께 외적 절차를 통해 확인하고 공포하는 과정을 거쳤습니다.

사무엘이 사울에게 기름을 부은 일이 하나님이 사무엘의 마음에 감동을 주셔서 한 일이라면, 제비뽑는 절차를 통해서 그것은 확인될 것입니다. 사무엘에게는 이 믿음이 있었습니다. 그랬기에 그는 미스바에 온 이스라엘을 모으고 이스라엘 왕을 제비 뽑아 정하는 절차를 진행할 수 있었습니다. 이 과정을 통해 사울은 사무엘이 뽑은 사무엘의 왕이 아니라 이스라엘이 뽑은 이스라엘의 왕이 되었습니다. 처음으로 왕을 세우면서도 나라가 평안할 수 있었던 것은 절차를 따랐기 때문입니다.

지나치게 까다롭거나 복잡한 절차는 오히려 일을 하는데 장애가 될 수도 있습니다. 절차도 적절하고 유연해야 합니다. 하지만 절차를 무시하고 일을 하다보면 어느 순간 아무 일도 못하게 될 수도 있습니다. 좋은 것도 절차를 따라서 하는 것이 습관이 되어야 합니다. 개인도, 교회도.

4

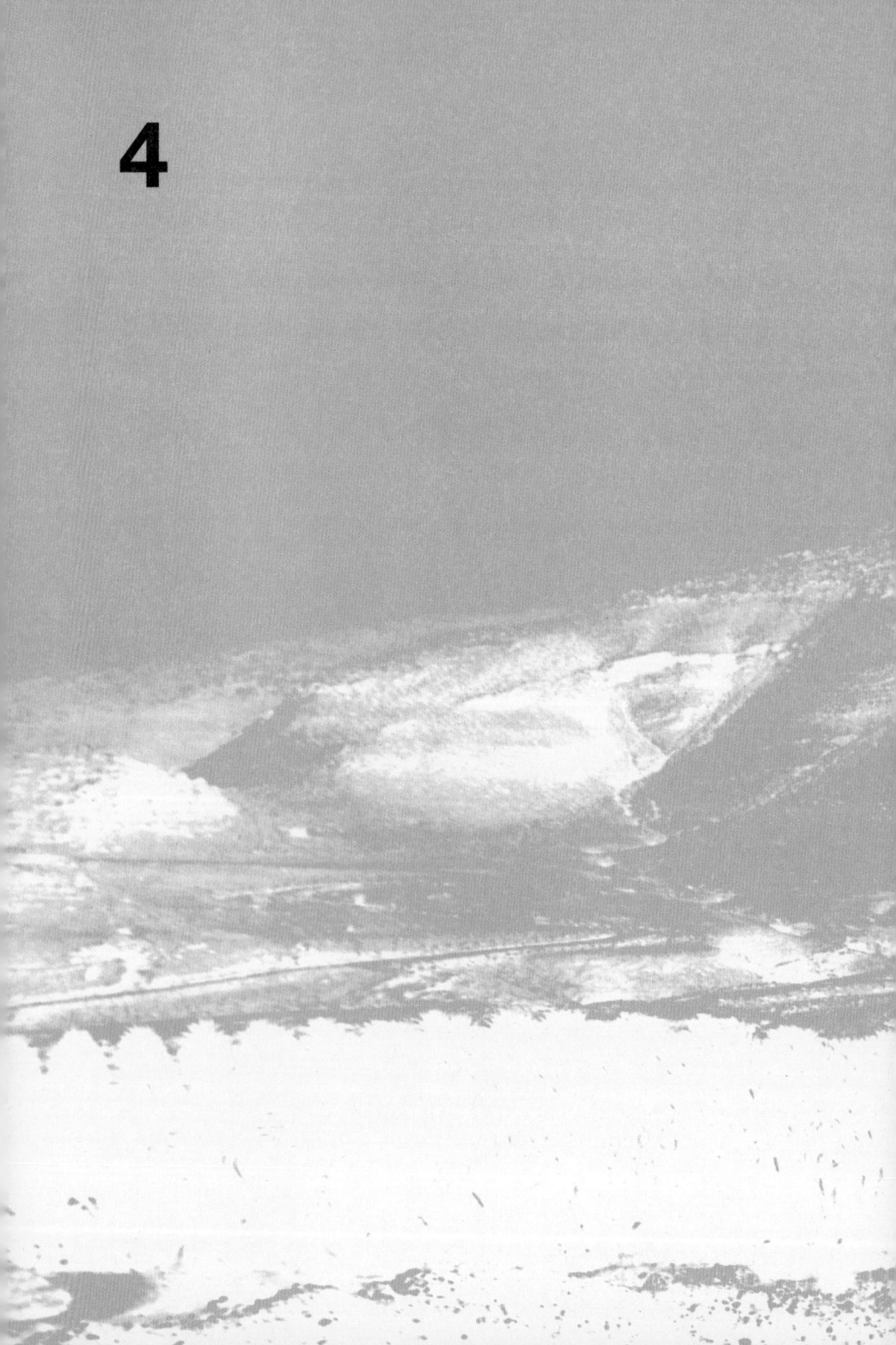

길갈

사울의 이스라엘을 통치할 당시 길갈에는 성막이 있었지만 아쉽게도 그의 통치는 성막 중심이 아니었습니다. 성막에서 진정으로 하나님을 예배했다기보다는 하나님을 이용하려한 듯한 느낌을 지울 수 없습니다. 사울이 왕일 때, 길갈에서 드려진 제사 중에 진정한 제사라고 느껴지는 제사가 흔치 않습니다. 억지로, 마지못해, 형식적으로 드리는 제사 같다는 느낌이 강하게 듭니다.

길갈교회의 이런 우를 오늘 우리가 되풀이해서는 안 됩니다. 교회 안에 예배가 있지만, 그 예배가 중심이 되지 못하는 것을 경계해야 합니다. 예배를 이용해서는 곤란합니다. 예배가 어떤 목적을 이루기 위한 수단으로 전락하지 않도록 해야 합니다. 예배는 온전히 예배 받으시는 하나님이 중심이 되고, 그 하나님을 위한 예배가 되어야 합니다.

사울 왕의 헤드쿼터는 어디일까

사울은 이스라엘의 첫 번째 왕입니다. 사울 왕은 이스라엘 백성들을 어디서 다스렸을까요? 다윗과 솔로몬 왕 때는 예루살렘에서 통치했기 때문에 어디서 다스렸는지 금방 알 수 있는데, 사울 때는 어디서 다스렸는지 잘 모릅니다. 관심 사항이 아니기 때문입니다. 그러나 성막을 찾아 여행을 떠나면, 사울이 어디서 다스렸는지에 관심을 가질 수밖에 없습니다.

사울은 이스라엘의 첫 번째 왕이고 사울에게 통치권을 넘겨준 사무엘은 이스라엘의 마지막 사사입니다. 사사에서 왕으로 통치권이 넘어가는 격동기가 사무엘과 사울 시대입니다. 통치권과 제사장권이 분리되면서 헤드쿼터(지휘 본부, 통치 본부)와 성막이 분리되었다고 볼 수도 있지만, 통치권이 사무엘에서 사울에게로 넘어가면서 성막도 옮겨졌을 가능성이 높습니다. 왜냐하면 성막과 헤드쿼터는 함께 있는 경우가 많았습니다. 그렇다면 사울의 헤드쿼터를 찾으면, 사울 때 성막의 위치도 알 수 있지 않을까 하는 기대를 합니다. 헤드쿼터가 있는 곳에 성막이 있고, 성막이 있는 곳에 헤드쿼터가 있을 가능성이 높습니다. 이제 그것을 성경에서 찾아 보려고 합니다.

왜 사무엘은 사울에게 자신보다 앞서 길갈로 내려가라고 했을까

사무엘이 사울에게 기름을 붓고 나서 그에게 "너는 나보다 앞서 길갈로 내려가라 내가 네게로 내려가서 번제와 화목제를 드리니 내가 네게 가서 네가 행할 것을 가르칠 때까지 칠 일 동안 기다리라"삼상 10:8 는 의미심장한 말을 합니다.

번제와 화목제는 성막에서 드립니다. 사무엘이 사울에게 내려가라고 한 곳은 길갈입니다. 이 말은 곧 '길갈에서 내가 번제와 화목제를 드리겠다'는 말입니다. 번제와 화목제를 드리려면 성막이 있어야 합니다. 그렇다면 사무엘의 이 말 속에는 '내가 성막을 길갈로 옮기겠다'는 복안이 들어 있다고 볼 수 있습니다.

사무엘은 사울에게 이렇게 말하고 온 백성들을 미스바로 모이게 하고 사울을 왕으로 선출하는 절차를 진행하고 그를 왕으로 공포했습니다. 왕을 세우는 일은 사무엘의 일입니다. 그렇기 때문에 사무엘은 이 일을 사무엘의 헤드쿼터 미스바에서 했습니다. 사무엘은 사울의 취임식 장소로 길갈을 지목했습니다.

사울, 왕으로 취임하기 전에 전쟁부터 하다

사울이 왕으로 미스바에서 선출되어 공포되고 아직 취임식을 하기 전에, 왕으로 선출되고 취임식을 앞둔 그 사이에 전쟁이 하나 있었습니다. 암몬 왕이 길르앗 야베스를 공격해 항복을 요구했습니다. 길르앗 야베스는 요단 동편 그릿 시냇가 근처입니다. 오늘의 요르단 땅이지요. 야베스 장로들이 이스라엘 각 지파에게 전령을 보내 도움을 청합니다. 이 소식을 들은 사울이 한 겨리의 소를 잡아 각을 뜨고 그것을 야베스 전령들 손에 이스라엘 각 지파에게 보내며, 누구든지 나와서 사울과 사무엘을 따르지 않으면 그의 소들도 이와 같이 하겠다고 엄포를 놓습니다. 33만 명의 군사가 순식간에 모집되었고, 사울의 인도로 암몬을 쳐서 큰 승리를 거두었습니다.

사울이 나중에 블레셋과의 전쟁에서 죽었을 때, 사울의 시신을 수습해서 장례를 치러준 사람들이 바로 이 길르앗 야베스 사람들입니다. 그들은 사울에 받았던 은혜를 기억했습니다.

사울이 전쟁에 승리한 후에, 사무엘이 백성들을 향해 말합니다.

"사무엘이 백성에게 이르되 오라 우리가 길갈로 가서 나라를 새롭게 하자." 삼상 11:14

이 말을 한 사람이 사무엘임을 주목하기 바랍니다. 이에 모든 백성이 길갈로 가서 거기서 여호와 앞에서 사울을 왕으로 삼고, 길갈에서 여호와 앞에 화목제를 드렸습니다. 사울과 이스라엘 모든 사람이 거기서 크게 기뻐했다고 성경은 기록하고 있습니다. 사울 왕의 취임식은 길갈에서 거행되었습니다.

사무엘이 사울의 헤드쿼터를 길갈로 정해 주다

여기서 우리가 주목할 것이 있습니다. 사무엘이 사울에게 길갈로 먼저 내려가라고 한 것, 사무엘이 백성들을 향해 길갈로 가서 나라를 새롭게 하자고 한 것, 길갈에서 사울 왕의 즉위식을 거행한 것, 즉위식 때 길갈에서 여호와 앞에 화목제를 드린 것 등을 주목해야 합니다.

이것들을 종합하면, 어렵지 않은 결론에 이릅니다. 사무엘이 사울의 헤드쿼터를 길갈로 정해 줍니다. 그리고 성막을 길갈로 옮깁니다. 이후 사울의 헤드쿼터가 길갈이 됩니다.

물론 사울이 기브아 사람이기 때문에 사울이 기브아에서 이스라엘 백성을 다스린 흔적들이 성경 여러 곳에서 발견됩니다. 기브아는 사울의 비공식 헤드쿼터입니다. 사울의 공식 헤드쿼터는 길갈입니다.

왜 사무엘은 기브아를 사울의 헤드쿼터로 하지 않았을까요? 사울은 왜 기브아를 헤드쿼터로 주장하지 않고, 길갈을 헤드쿼터로 정해 주는 사무엘의 말을 그대로 따랐을까? 역사적인 배경을 알면, 이것은 간단히 해결됩니다.

사울이 미스바에서 왕으로 선출되어 공포된 날 어떤 불량배들은 사울이 왕이 되는 것을 못마땅하게 여겼다고 성경은 기록하고 있습니다.삼상 10:27 이것으로 보아, 사울이 백성들의 전폭적인 지지를 받은 것은 아닌 것 같습니다. 사울이 베냐민 지파인 것도 이렇게 된데 미친 영향이 있습니다. 베냐민 지파 중에도 기브아 사람인 사울이 왕이 되는 것에 이스라엘 백성들의 거부감이 있었을 수 있습니다.

사사기 마지막 세 장은 에브라임 사람인 레위인의 첩이 기브아 사람들에 의해 성폭행을 당하고 죽은 사건과 그로 말미암아 야기된 사건을 다루고 있습니다. 사건의 요지는 이렇습니다.

에브라임 산지 구석에 사는 어떤 레위 사람이 첩을 맞았습니다. 레위인이 첩을 얻은 걸 보면 당시 성적 타락이 어느 정도 심각했는지 짐작이 갑니다. 이 첩이 행음하고 친정으로 가 버렸습니다. 레위 사람이 첩의 친정인 베들레헴에 가서 첩을 데리고 자기 집을 향해 가다, 베냐민 지파의 땅 기브아에서 한 노인의 집에서 하루밤을 유숙합니다. 그 날 밤, 기브아 불량배들이 이 사람이 묵고 있는 집으로 몰려와 네 집에 들어온 사람을 끌어내라고 요구합니다. 그들은 그 목적도 부끄러운 줄 모르고 "우리가 그와 관계하리라"사 19:22며 그 뜻을 드러냈습니다. 롯의 때와 같은 일이 기브아에서 그대로 재연되었습니다.

그날 밤, 기브아 불량배들은 레위 사람의 첩을 밤새도록 능욕하고 새벽이 되어서야 놓아 주었습니다. 레위 사람이 새벽에 나가보니 첩이 죽어 있습니다. 그는 첩의 시신을 나귀에 싣고 자기 집에 돌아가서 첩의 시체를 열두 덩이로 각을 떠나 이스라엘 사방에 두루 보냈습니다. 깜짝 놀란 이스라엘 온 지파가 단에서부터 브엘세바까지와 길르앗 땅에서 40만 명이 나와서 미스바로 모였습니다. 참고로 단은 북쪽 경계, 브엘세바는 남쪽 경계, 길르앗은 동쪽 경계입니다. 서쪽은 지중해입니다. 이스라엘이 동서사방에서 모두 모였다는 표현입니다.

이 일을 행한 불량배를 내어 놓으라는 이스라엘 지파의 요구를 베냐민 지파 사람들이 거절함으로 이스라엘과 베냐민 지파 간에 큰 전쟁이 있었습니다. 이 일로 베냐민 지파는 남자 600명만 남고 모두 죽었습니다. 그때 이스라엘 자손들이 맺은 약속이 베냐민 지파에게는 딸을 주지 않는 것입니다.

이런 일이 일어난 곳이 베냐민 지파의 땅입니다. 그것도 사울의 고향 기브아입니다. 그런데 그 지파인 사울이 왕이 되었습니다. 이 일이 일어난 곳이 베냐민 지파의 땅, 그것도 기브아입니다. 그런 기브아를 헤드쿼터로 삼을 수 있을까요. 그럴 수는 없습니다.

그래서 사무엘은 베냐민 지파의 땅이 아닌 길갈을 사울의 헤드쿼터로 정해 주었고, 사울은 그것을 수락했습니다. 길갈은 역사적으로 의미 있는 곳입니다. 이스라엘 백성들이 가나안 땅에 입성해 처음으로 진을 쳤던 곳이 길갈입니다. 여호수아는 이곳에서 이스라엘을 다스렸습니다. 길갈은 이스라엘의 첫 헤드쿼터였습니다.

사울의 헤드쿼터로
성막도 옮겨졌을 가능성이 높다

사울의 헤드쿼터가 길갈로 옮겨진 후에 성막도 그곳으로 옮겨갔다고 느낄 수 있는 여러 증거들이 성경에서 발견됩니다.

우리가 잘 아는 사건, 사울이 블레셋과 싸울 때, 사무엘을 기다리다 사울 자신이 번제를 집례한 사건, 그 사건이 일어난 곳이 길갈입니다. 그 기사에 "사무엘이 길갈로 오지 아니하매"삼상 13:8라는 표현이 있습니다. 사무엘이 길갈에 있는 성막으로 오지 아니하매, 사울이 직접 번제를 집례한 것입니다. 사울이 왕이 된 지 2년 만에 일어난 일입니다. 사람이 교만해지는 데는 그리 오랜 시간이 걸리지 않는 것 같습니다. 많은 사람들이 이 일이 일어난 곳이 블레셋과의 전쟁터 어디 쯤이라고 생각하는데, 그곳은 성막이 있는 길갈입니다. 블레셋은 지중해변에 살고 있었습니다. 이스라엘이 블레셋과 전쟁하는 곳과 길갈은 꽤 떨어져 있습니다.

또 하나, 사울이 아말렉과 싸울 때 다 진멸하라는 하나님의 말씀대로 하지 않았습니다. 순종이 제사보다 낫고 듣는 것이 숫양의 기름보다 낫다는 그 유명한 말씀이 나오는 그 사건에서 사울이 이렇게 변명을 합니다.

"그 마땅히 멸할 것 중에서 가장 좋은 것으로 길갈에서 당신의 하나님 여호와께 제사하려고 양과 소를 끌어 왔나이다." 삼상 15:21

이 변명 중에 성막 이동과 관련된 중요한 단서가 들어 있습니다. "길갈에서 당신의 하나님 여호와께 제사하려고"입니다. 이것을 통해 우리는 어렵지 않게 사울 때 성막이 길갈에 있었음을 알 수 있습니다.

사울이 왕으로 취임하기 전, 사무엘과 사울이 처음 만나 함께 올라 갔던 제사 장소 '산당'이 사울이 왕으로 취임한 후에는 더 이상 나오지 않는 것도 주목해야 합니다. 이유는 성막이 길갈로 옮겨졌기 때문입니다.

사울은 길갈에서 이스라엘을 다스렸습니다. 그럼 성막은 사울이 왕으로 통치하는 기간 동안 계속 길갈에 있었는가. 이런 질문에 그렇다고 대답하기 어려운 사건이 성경에 기록되어 있습니다.

놉 땅에서 생긴 일

도망 다니던 다윗,
놉 땅에서 제사장만 먹는 진설병을 먹다

사울이 왕이 되어 이스라엘을 다스릴 때, 다윗이 사울의 견제를 받아 쫓기는 신세가 됩니다. 다윗이 사울을 피해 이곳저곳으로 도망을 다닙니다. 도망 다니는 중에 다윗이 놉 땅에 있는 제사장 아히멜렉에게 가서 제사장만 먹을 수 있는 거룩한 떡과 골리앗이 쓰던 칼을 얻어 갔습니다. 나중에 그 사실을 알게 된 사울이 놉에 있는 제사장 85명을 불러 몰살하였습니다.

이 사건을 좀 더 자세히 설명하면 이렇습니다. 다윗이 제사장 아히멜렉에게 가서 자신이 지금 사울에게 쫓기고 있다는 사정 얘기는 하지 않은 채로, 떡을 구했습니다. 제사장이 "보통 떡은 내 수중에 없으나 거룩한 떡은 있나니 그 소년들이 여자를 가까이만 하지 아니하였으면 주리라"삼상 21:4고 했습니다. 제사장으로서는 큰 용기가 아닐 수 없습니다. 이 떡의 규례상 제사장이 아닌 사람은 먹을 수 없습니다.레 24장 결국 제사장은 다윗에게 거룩한 떡을 주었습니다. 하나님은 광야에서 모세에게 "상 위에 진설병을 두어 항상 내 앞에 있게 할지니라"출 25:30와 같은 진설병 규례를 만들어 주셨습니다. 제사장은 매 안식일마다 새 떡을 진설했습니다. 제사장이 다윗에게 준 떡은 진설병으로 안식일에 더운 떡을 드리는 날에 물려 낸 것입니다.

놉에 있는 제사장 아히멜렉에게 성막 안에 있었던 진설병이 있었습니다. 진설병과 성막은 뗄래야 뗄 수 없는 관계입니다. 이것을 어떻게 봐야 할까요. 이것을 근거로 놉에 성막이 있었다고 단정해도 될까요. 그러기는 아직 무리입니다. 제사장들이 성막에 상주했다고 생각하면, 진설병이 있는 이곳은 곧 성막이라고 단정할 수 있습니다. 그러나 제사장들이 성막에 상주하지 않았다면, 문제는 달라질 수 있습니다. 다윗이 찾아간 곳을 사무엘상 21장이 '놉에 있는 성막'이라고 기록했다면 이런 고민은 할 필요도 없는데, 사무엘상 21장은 그저 다윗이 놉에 가서 제사장 아히멜렉에게 이르렀다고 기록하고 있습니다. 다윗이 찾아간 곳이 제사장 마을에 있는 제사장 집인지, 성막인지가 명확하지 않습니다.

이 당시보다 시간이 흐르긴 했으나, 다윗이 왕일 때 제사장 규례를 보면, 제사장을 가문별로 24반열로 나누어 일주일씩 봉사하고, 안식일 저녁에 다음 번과 교대했습니다. 제사장들이 교대할 때 더운 떡을 드리고 이전에 있던 떡을 가지고 나와 제사장들이 먹었습니다. 제사장들이 모두 성막에 산 것은 아닙니다. 이스라엘 백성들이 가나안 땅에 들어간 후에 땅을 분배하는 것을 기록한 여호수아 21장을 보면, 각 지파가 받은 땅 가운데 레위인을 위해 48개 성읍이 주어집니다. 그 가운데 13개 성읍이 제사장들에게 배정되었습니다. 그중에 한 성읍이 기브온입니다. 제사장들은 이렇게 13개 성읍에 흩어져 기거하면서, 자기 차례가 되면 성막에 나가 일주일씩 봉사했습니다.

놉 땅은 제사장 마을인가

이런 것을 감안하면, 놉 땅에 성막이 있었을 가능성도 있지만 놉 땅을 제사장들이 사는 마을이라고 해석하는 것도 가능합니다. 이 일로 사울이 죽인 놉에 살던 제사장들만도 팔십오 명입니다. 성경도 놉을 제사장 성읍이라고 했습니다. 도엑이 제사장 85명을 죽이는 내용을 기록하며 "제사장들의 성읍 놉"삼상 22:19이라고 했습니다.

그렇다면 놉은 제사장 마을일까요? 구약성경만 가지고는 이렇게 얘기할 수도 있습니다. 그러나 신약성경에 이 사건이 언급됩니다. 예수님의 제자들이 안식일에 밀밭 사이로 지나가다 이삭을 자른 일이 있습니다. 당시에는 비록 남의 밭이라 할지라도, 먹기 위해 밭에서 이삭을 자르는 것은 허용되었습니다. 이것을 본 바리새인들이 예수님에게 예수님의 제자들이 안식일에 하지 못할 일을 했다고 비난했습니다. 안식일에 추수하는 것이 금지되어 있는데, 제자들이 이삭을 잘라 손바닥으로 비빈 것을 추수로 해석해서 시비를 건 것입니다. 이에 예수님은 당신이 안식일의 주인이심을 선포하시면서, 다윗과 그 일행이 진설병을 먹은 것을 예로 들었습니다. 예수님은 바리새인들을 향해 "그(다윗)가 아비아달 대제사장 때에 하나님의 전에 들어가서 제사장 외에는 먹어서는 안 되는 진설병을 먹고 함께 한 자들에게도 주지 아니하였느냐"막 2:26고 반문하시며 "안식일이 사람을 위하여 있는 것이요 사람이 안식일을 위하여 있는 것이 아니니"막 2:27라고 하셨습니다.

예수님의 한 마디로 종결되다

예수님의 이 말씀으로 놉 땅이 제사장 마을인지, 아니면 그곳에 성막이 있었는지에 대한 고민은 종결됩니다. 거기 하나님의 전이 있었습니다. 그때, 사울이 왕으로 이스라엘을 통치하고 다윗이 사울의 눈을 피해 도망다니던 그때, 성막은 놉에 있었습니다. 이때 사무엘은 살아 있었습니다. 사무엘의 부고 기사는 사무엘상 25장에 실려 있습니다. 다윗이 엔게디에서 사울 왕을 죽일 수 있었지만, 그의 옷자락만 벤 사건 후에 사무엘이 죽어 라마 그의 집에서 장사 지냈다는 기사가 배치되어 있습니다. 그 기사 끝에 다윗이 바란 광야로 사울을 피해 도망 갔다는 내용도 함께 실려 있습니다. 다윗이 도망다니는 중에 사무엘은 죽었습니다.

제사장들이 85명이나 살았던 제사장 마을 놉, 성막이 있었던 놉은 어디일까요? 학자들 사이에 놉으로 추정되는 곳은 몇 곳이 있습니다. 대부분 놉을 예루살렘 성이 바라보이는 예루살렘 성 북쪽으로 추정합니다. 놉으로 추정되는 장소들은 모두 예루살렘에서 지근거리에 있습니다. 오늘의 히브리대학교 안에 있는 한 산을 놉으로 추정하기도 합니다.

사울 통치 기간 중 어느 순간 성막은 놉 땅으로 옮겨졌다

사울 통치 기간 중에, 길갈에 있던 성막이 어느 순간 놉 땅으로 옮겨집니다. 추측하기는 사울이 사무엘과 제사 문제로 관계가 소원해진 후에 이렇게 된 것이 아닐까 싶습니다. 아말렉과의 전쟁에서 모든 것을 진멸하라는 하나님의 말씀을 사울이 거역한 후에 사무엘은 죽기까지 다시 사울을 보지 않았습니다. 이 어간에 성막이 길갈에서 놉 땅으로 옮겨지지 않았을까 추정해 봅니다. 아말렉과의 전쟁 기사 다음에 다윗이 등장해 블레셋의 장수 골리앗을 쓰러뜨립니다. 그런 다윗이 사울을 피해 도망간 곳이 놉 땅에 있는 성막입니다. 사울이 사무엘과 관계가 틀어지면서 성막을 꺼려하여 다른 곳으로 옮겼을 수도 있고, 사울이 하나님의 말씀을 경히 여기는 것을 보고 사무엘이 사울의 헤드쿼터 가운데 성막을 계속 둘 이유가 없다고 생각해서 성막을 놉으로 옮겼을 수도 있습니다.

여하튼 성막은 사울 통치 기간 중 어느 때에 놉 땅으로 옮겨졌습니다. 다윗이 사울을 피해 이 놉 땅에 있는 성막으로 피신해 떡과 칼을 얻어간 것입니다. 이 소식을 듣고 분노가 극에 달한 사울이 놉 땅에 있던 제사장 85명을 몰살한 것입니다. 다행히 그중에 한 사람이 다윗에게 도망가서 제사장의 혈통은 이어집니다.

놉 땅에서 제사장 85명이 몰살 당한 후, 성막은 어떻게 되었을까

사울에 의해 놉 땅에 있던 제사장 85명이 몰살당했습니다. 그렇다면 그 후, 놉 땅에 있던 성막은 어떻게 되었을까요? 제사장을 몰살한 사울이 성막은 어떻게 했을까요? 이때는 이미 사무엘과 관계가 틀어진 후입니다. 사무엘이 사울을 보지 않던 때입니다. 잘 보존하라고, 잘 관리하라고 했을까요. 불살라 버렸을까요. 분명한 것은 성막을 불사르지는 않았습니다. 나중에 다윗 때 성막이 기브온 산당에 있다는 기록이 성경에 있기 때문입니다. 그 성막이 모세가 광야에서 지은 성막이라는 설명도 함께 있는 것으로 봐서 새로 지은 성막이 아닙니다.

성막 분실 사건

성경에 성막 분실 사건이 한 줄 기록되어 있습니다. 시편 132편입니다.

"1 여호와여 다윗을 위하여 그의 모든 겸손을 기억하소서 2 그가 여호와께 맹세하며 야곱의 전능자에게 서원하기를 3 내가 내 장막 집에 들어가지 아니하며 내 침상에 오르지 아니하고 4 내 눈으로 잠들게 하지 아니하며 내 눈꺼풀로 졸게 하지 아니하기를 5 여호와의 처소 곧 야곱의 전능자의 성막을 발견하기까지 하리라 하였나이다 6 우리가 그것이 에브라다에 있다 함을 들었더니 나무 밭에서 찾았도다 7 우리가 그의 계신 곳으로 들어가서 그의 발등상 앞에서 엎드려 예배하리로다 8 여호와여 일어나사 주의 권능의 궤와 함께 평안한 곳으로 들어가소

서 9 주의 제사장들은 의를 옷 입고 주의 성도들은 즐거이 외칠지어다." 시 132:1-9

이 말씀 가운데 보면 다윗이 여호와의 처소 곧 야곱의 전능자의 성막을 발견하기까지 내가 내 장막 집에 들어가지 아니하며 내 침상에 오르지 않겠다는 내용이 나옵니다. 그러다 그것이 에브라다에 있다는 이야기를 들었고 나무 밭에서 성막을 찾았다는 내용이 나옵니다.

에브라다는 베들레헴의 옛 이름 또는 다른 이름입니다. 우리가 잘 아는 예수님의 탄생을 예고한 미가서 말씀에 에브라다가 등장합니다. 또한 에브라다는 베들레헴에서 헤브론으로 내려가는 길에 있는 한 마을 이름이기도 합니다.

"베들레헴 에브라다야 너는 유다 족속 중에 작을지라도 이스라엘을 다스릴 자가 네게서 내게로 나올 것이라 그의 근본은 상고에, 영원에 있느니라." 미 5:2

분실한 것은 성막인가 법궤인가

시편 132편 6절에 나오는 성막에 대해 성경 번역본들을 보면, 언약궤라고 한 것들이 꽤 있습니다.

"계약궤가 있다는 말을 에브라다에서 듣고 야알 들에서 그것을 찾았습니다."공동번역

"법궤가 있다는 말을 에브라다에서 듣고, 야알의 들에서 그것을 찾았다."새번역

"우리가 베들레헴에서 법궤에 대한 말을 들었고 그것을 기랏-여아림의 밭에서 찾았다."현대인의성경

이렇게 번역한 이유는 다윗이 찾은 것은 언약궤이지 성막이 아니라는 생각을 기본적으로 하기 때문에 여기 나오는 성소를 언약궤로 번역한 것이 아닐까 하는 생각을 해 봅니다. 개역개정성경에는 성막이라고 번역했습니다. 원어를 가지고 찾아보면, 개역개정성경이 번역한 대로 성막입니다. 히브리어 '미쉬칸'은 성막을 가리키는 단어입니다.

그렇다면 성막은 분실됐던 적이 있고, 다윗은 그 성막을 찾기까지 '내가 내 장막 집에 들어가지 아니하며 내 침상에 오르지 않겠다'고 서원한 것이 됩니다. 그러다 성막을 에브라다 곧 베들레헴에서 찾았습니다. 베들레헴은 다윗의 고향입니다. 시편 132편은 베들레헴 사람인 다윗이 베들레헴에 성막이 있다는 것을 듣고 가서 찾았다는 것이 됩니다. 그런데 성경에는 다윗이 성막을 찾은 일이 기록되어 있지 않습니다. 다윗이 언약궤를 찾아온 것은 성경이 대대적으로 보도하고 있습니다. 그러다 보니 대부분의 번역 성경이 여기 나오는 성막을 언약궤로 생각하고 번역한 것이 아닐까 추측합니다.

성경은 진리입니다. 시편 132편이 성막을 언약궤로 착각하고 잘못 쓴 것이라고 하면 곤란합니다. 성경은 하나님의 말씀입니다. 성경에 성막이 분실되었던 적이 있고, 다윗이 그것을 사모하여 서원까지 하며 찾다 베들레헴에서 찾았다고 하면 우리는 그것을 받아들여야 합니다. 그리고 언약궤는 기럇여아림 아비나답의 집에 들어간 후에 다윗이 가서 메어올 때까지 대부분 그곳에 있었습니다. 언약궤를 중간에 분실했다가 다시 찾았을 것 같은 징후를 성경에서는 발견하기 어렵습니다.

성막을 언제 분실했을까

성경을 받아들인다면, 우리는 성막을 언제 분실했는지 생각해 봐야 합니다. 성막이 가나안 땅에 들어온 후에, 성막을 분실했을 것 같은 상황은 언제일까. 우리는 그것을 주목해야 합니다. 성경에는 언제 성막이 분실되었다는 내용은 나오지 않습니다. 그렇다면 우리는 정황상 이때가 아닐까 하고 추측이 가능한 때를 찾아봐야 합니다. 그때가 언제일까요?

우리는 지금 성막을 찾아 성경 속으로 깊이 들어와 있습니다. 우리는 성막이 놉 땅에 와 있는 것까지 확인했습니다. 이 성막이 있는 놉 땅 제사장 85명이 사울에 의해 몰살당했습니다. 그런 후에, 사울 왕은 성막을 어떻게 했을까요. 지금 우리는 놉 땅 제사장 몰살 사건 후를 주목합니다. 이때와 성막 분실 사건이 어떤 연결 고리가 있는 것은 아닐까.' 이런 생각까지 해 봅니다.

　사울이 놉 땅에 있는 제사장들을 몰살한 후에 성막도 치워버리라고 한 것은 아닐까. 제사장을 한꺼번에 85명이나 몰살한 사울이 능히 할 수도 있는 일입니다. 놉 땅에서 제사장 85명만 죽인 것이 아닙니다. 성경은 "제사장들의 성읍 놉의 남녀와 아이들과 젖 먹는 자들과 소와 나귀와 양을 칼로 쳤더라"삼상 22:19라고 기록하고 있습니다. 사울이 제사장 성읍 전체를 진멸했습니다. 그러면서 성막만 그대로 두었을까요. 성막 분실 사건은 어쩌면 이때 일어나지 않았을까 싶습니다.

　이런 가정을 해 봅니다. 사울이 성막도 걷어 치우라고 했고, 그래서 사람들이 두려워 성막을 걷어 치우는 가운데 그래도 믿음이 있는 사람들이 그것을 갖다 버리지는 않고 그래도 그것을 베들레헴 한 곳에 잘 숨겨 놓은 것이 아닐까. 이렇게 생각하는 것은 놉 땅 사건 후로 사울이 성막에 들어가거나 언약궤를 찾거나 제사를 드린 기록이 성경에 없기 때문입니다. 놉 땅 사건 후로 사울과 관련된 기사는 다윗을 잡으러 다닌 기사로 대부분 채워져 있습니다. 다른 내용은 거의 없습니다. 그러다 마지막에 이르러 블레셋과 싸우다 죽습니다.

　그 마지막 전투인 블레셋과의 전투 중에 사울은 위험을 무릅쓰고 길보아 산에서 내려와 변장을 하고 밤에 블레셋 진영을 지나 엔돌로 신접한 여인을 찾아갑니다. 사울이 다급한 상황에 처하여 하나님께 물었지만, 여호와께서 꿈으로도, 우림으로도, 선지자로도 그에게 대답하지 않으시자 사울이 신하들에게 신접한 여인을 찾으라 했다고 성경은 당시 상황을 묘사하고 있습니다. 이로 미루어 하나님과 사울의 관계는 단절된 것 같습니다. 하나님을 섬기지 않으면서 필요할 때만 하나님을 찾고 하나님의 이름으로 맹세나 하는 사울에게서 하나님의 마음은 완전히 떠난 것 같습니다.

사울이 놉 땅에서 성막을 철거해 갖다 버리라고 했다는 것은 순전히 제 가정입니다. 성경이나 어떤 자료에 근거한 말이 아닙니다. 이것은 다윗이 베들레헴에서 잃어버린 성막을 찾았다는 시편 132편에 근거해, 성막 분실 사건을 접하고, 나름대로 추측해 본 것입니다. 그야말로 가정입니다. 혹시라도 이것을 인용하는 경우가 생기면, 조 목사가 그러더라가 아니라 조 목사가 그렇게 가정하더라고 해야 합니다. 혹시 이와 관련해 좋은 정보나, 성경의 근거를 발견하는 분은 제게 연락을 해 주시거나, 지면을 통해 발표해 주시면 많은 도움이 될 것 같습니다.

다윗이 예루살렘에서 온 이스라엘의 왕이 되었을 때, 성막은 이미 기브온 산당에 있었다

다윗이 사울을 피해 도망 다닐 때, 성막은 놉 땅에 있었습니다. 다윗이 예루살렘에서 온 이스라엘의 왕이 되었을 때 성막은 기브온 산당에 있었습니다. 이 사이 어느 때인지는 알 수 없지만, 성막은 기브온 산당으로 옮겨집니다. 놉 땅에서 바로 기브온 산당으로 옮겨졌을 수도 있고, 앞에서 추론해 본 것처럼 놉 땅에서 성막을 분실했다가 그것을 다윗이 베들레헴에서 찾아 기브온 산당으로 옮겼을 수도 있습니다.

이와 관련해 다음 네 가지는 성경의 기록되어 있는 진리입니다.
1) 사울 때 놉 땅에 성막이 있었다.
2) 잃어버린 성막을 다윗이 베들레헴에서 찾았다. 시132편
3) 다윗이 예루살렘에서 언약궤를 찾아올 때 성막은 기브온 산당에 있었다.
4) 솔로몬은 이 기브온 산당에 있는 성막에서 일천 번제를 드렸다.

다음은 제 추론입니다.
1) 사울이 놉 땅에 있던 성막을 갖다 버리라고 했다.
2) 그 성막을 누군가 베들레헴 나무 밑에 잘 보관했다.

이것은 추론이고 가정입니다. 성경의 기록과 저의 추정을 혼돈하는 일은 없길 바랍니다. 성경은 정확하지만 제 추론은 틀릴 수 있습니다. 제 추론을 절대화하지는 마시기 바랍니다.

사진으로 보는 길갈

길갈에서 시작한 성막 이야기가 꽤 멀리까지 갔습니다. 다시 길갈로

돌아갑니다. 지금 길갈에는 아무 것도 없습니다. 돌무더기들만 있을 뿐입니다. 왜 유적이 없느냐고 반문한다면, 그들은 성막을 중심으로 천막을 치고 살았습니다. 그러다 실로로 옮겨갔습니다. 그러므로 당시 유적이라고 할 수 있는 어떤 건물이나 흔적을 찾을 수 없는 것은 당연한 일입니다. 저는 성경지리연수 중에 여러 번 길갈을 지나쳤지만, 길갈로 추정되는 곳에 가지는 않았습니다. 다행히 우리 교역자 성지연수팀 중에 현장을 다녀온 팀이 있어 그 팀이 촬영한 사진으로 대신합니다.

길갈

길갈교회

성막이 있으나 성막이 중심이 아닌 교회

사울 당시 길갈에는 성막이 있었지만 아쉽게도 성막 중심이 아니었습니다. 웬지 성막이 장식품이나 부속품이 된 것 같은 느낌을 지울 수 없습니다. 성막이 있었지만, 그 성막에서 진정으로 하나님을 예배했다기보다는 하나님을 이용하려한 듯한 느낌 역시 지울 수 없습니다. 사울이 왕일 때, 길갈에서 드려진 제사 중에 진정한 제사라고 느껴지는 제사가 흔치 않습니다. 억지로, 마지못해, 형식적으로 드리는 제사 같다는 느낌이 강하게 듭니다. 사울이 사무엘에게 제사를 드려달라고 할 때도 제사를 받으시는 하나님보다는 제사를 드리는 자신의 체면을 더 앞세우는 것 같습니다. 길갈교회의 이런 우를 오늘 우리가 되풀이해서는 안 됩니다. 교회 안에 예배가 있지만, 그 예배가 중심이 되지 못하는 것을 경계해야 합니다. 예배를 이용해서는 곤란합니다. 예배가 어떤 목적을 이루기 위한 수단으로 전락하지 않도록 해야 합니다. 예배는 온전히 예배 받으시는 하나님이 중심이 되고, 그 하나님을 위한 예배가 되어야 합니다.

처음엔 좋았던 교회

길갈교회는 출발이 좋았던 교회입니다. 사무엘과 사울의 관계도 처음에는 좋았습니다. 백성들과 사울의 관계도 처음에는 좋았습니다. 사울은 왕으로 선출된 후에 짐보따리들 사이에 숨을 정도로 수줍었습니다. 사울도 처음에는 자신을 인정하지 않는 사람들의 비난에도 잠잠했습니다. 백성들의 지지율도 높았습니다.

그런데 시간이 지날 수록 길갈교회는 좋은 점들이 줄어들었습니다. 길갈교회는 시간이 지날 수록 화합과 화평 대신 갈등과 대립으로 채워졌습니다. 길갈교회에 하나님은 점점 왜소해 지고 사람은 점점 광대해 졌습니다. 하나님과 사람의 자리가 뒤바꿨습니다.

길갈교회는 나중에는 모두 잃었습니다. 아들의 목숨도 자신의 목숨도 모두 잃었습니다. 모두 가지려고 했지만, 전부 다 잃었습니다. 다윗을 왕으로 세우신 하나님의 뜻을 받아들이기보다, 다윗을 죽여 하나님의 뜻을 꺾으려고 한 결과입니다. 하나님과 싸워 이길 수 없습니다.

처음도 좋아야 하지만, 나중이 더 좋아야 합니다. 인생도 교회도 나라도 점점 더 좋아져야 합니다.

서로의 역할과 사명을 인정하고 협력하기보다 충돌하고 대립했던 교회

아쉽게도 사울 당시 길갈교회에는 왕권과 제사장권의 충돌이 있었습니다. 왕인 사울이 번제를 집례하는 사고가 있었습니다. 왕이 제사장들을 몰살하는 대형 참사도 있었습니다. 제사장이 왕을 다시 보지 않는 안타까운 관계의 단절도 있었습니다.

교회사에도 교황과 황제의 충돌이 있었습니다. 이것 때문에 전쟁이 일어나기도 했습니다. 아무리 왕권이 강화돼도 제사장권을 침범해서는 안 됩니다. 제사장권이 아무리 강화돼도 왕권을 접수하려고 해서는 안 됩니다. 왕은 통치를 하고 제사장은 제사를 집례하는 각각의 역할이 있습니다. 그 역할들은 존중되어야 합니다.

교회와 국가 간에도 각각의 역할이 있습니다. 교회 안에도 목회자와 집사의 역할이 있습니다. 교회학교에도 지도 교역자와 부장의 역할이 있습니다. 교회는 각각 서로의 역할을 존중하고 서로를 세워 줘야 합니다.

5

아둘람 굴

'환난 당한 모든 자와 빚진 모든 자와 마음이 원통한 자'가 아둘람 굴로 다윗을 찾아왔습니다. 와서 다윗을 머리로 삼고 그를 따랐습니다. 그에게 훈련을 받았습니다. 이들이 나중에는 이스라엘의 용사와 지도자들이 되었습니다.

우리 교회가 아둘람굴교회가 되기를 소망합니다. 이런 간절한 소망 때문에, 아둘람 굴을 그렇게 가 보고 싶었습니다. '환난 당한 모든 자와 빚진 모든 자와 마음이 원통한 자'가 용사가 되고 지도자가 되는 훈련장인 아둘람 굴을 가 보고 싶었습니다.

아둘람 굴로 도망한 다윗

다윗이 사울을 피해 도망 다니고 있습니다. 다윗이 놉 땅에 있는 성막에서 제사장만 먹을 수 있는 떡과 골리앗이 사용하던 칼을 얻어 블레셋 땅으로 피신했습니다. 그러고는 블레셋 가드 왕 아기스에게로 숨어들어 갔는데 금방 신분이 드러나 미친 체하고 위기를 모면했습니다. 서둘러 가드를 빠져나온 다윗은 아둘람 굴로 피했습니다.

"¹ 그러므로 다윗이 그 곳을 떠나 아둘람 굴로 도망하매 그의 형제와 아버지의 온 집이 듣고 그리로 내려가서 그에게 이르렀고 ² 환난 당한 모든 자와 빚진 모든 자와 마음이 원통한 자가 다 그에게로 모였고 그는 그들의 우두머리가 되었는데 그와 함께 한 자가 사백 명 가량이었더라." 삼상 22:1-2

피난처라는 의미가 있는 아둘람은 가나안 31개 성 중의 하나로 유다 지파의 소유입니다. 사울은 베냐민 지파이고 다윗은 유다 지파입니다. 다윗은 사울의 눈을 피해 자신이 속한 유다 지파가 관할하고 있는 아둘람으로 피신했습니다. 이곳은 다윗에게 익숙한 곳이고 굴이 많아 피신을 하기에도 적합했습니다.

다윗이 아둘람 굴로 도망했다는 소식을 듣고 환난 당한 모든 자와 빚진 모든 자와 마음이 원통한 자들이 아둘람 굴로 모였습니다. 이들의 수가 400명 가량 되었습니다. 나중에 다윗은 이스라엘의 왕이 됩니다. 다윗이 왕이 될 때, 아둘람 굴에 있는 다윗에게로 왔던 사람들이 다윗과 함께 나라를 다스립니다. '환난 당한 모든 자와 빚진 모든 자와 마음이 원통한 자'가 용사와 지도자로 거듭납니다. 그들을 한 나라의 용사와 지도자로 거듭나도록 훈련하고 세운 곳이 아둘람 굴입니다.

물론 다윗이 아둘람 굴에 계속 머물지는 못했습니다. 그는 사울의 눈을 피해 여러 골짜기와 황무지와 굴로 옮겨 다녀야 했습니다. 성경을 보면 다윗에게로 왔던 사람들은 계속 다윗과 함께 했습니다. 다윗과 함께 한 자가 처음에는 400명이었는데 나중에는 600명이 됩니다.

아둘람 굴을 찾아서

성지연수를 가면서 아둘람 굴을 가 보고 싶었습니다. 2011년에야 겨우 아둘람 굴을 찾아갔습니다. 바이블랜드에 가서 아둘람 굴을 가

보고 싶다고 하면 그냥 데려다줄 줄 알았습니다. 그러나 막상 가서 찾으니 그게 아니었습니다. 아둘람 굴을 찾느냐고 고생 많이 했습니다. 아둘람 굴을 찾으러 다니며 고생한 이야기를 성지연수 현장에서 교회 홈페이지에 올렸습니다. 2011년 성지연수 때 '아둘람 굴을 찾아서'라는 제목으로 올린 글을 정리해 함께 나눕니다. 글 중에 3년 전이 나오면, 2011년으로부터 3년 전입니다.

2008년, 성경지리연수 때 아둘람 굴을 찾으러 갔습니다. 그해 성경지리 강사님과 함께 갔습니다. 아둘람 굴은 이스라엘에 오랫동안 산 그해 선생님도 가 본 적이 없었습니다. 그곳을 알고 있는 다른 목사님에게 전화로 물어 가면서 찾아 갔지만, 결국은 굴을 찾지 못했습니다. 날이 어두워져서 그만 돌아와야 했습니다. 다음 날 다시 가 보고 싶었지만, 그렇게 하지 못하고 아쉬운 마음으로 귀국행 비행기를 탔습니다.

그로부터 3년이 지났지만, 아둘람 굴을 가 보고 싶은 마음은 여전했습니다. 3일 동안 성지연수 선생님이 되어 준 강태윤 목사님에게 아둘람 굴 이야기를 꺼냈습니다. 바이블랜드에 선교사로 와서 21년을 지냈지만, 아직 아둘람 굴을 가 보지 못했다고 했습니다. 강 목사님에게도 아둘람 굴을 찾으러 갔다가 찾지 못하고 돌아왔던 나와 같은 경험이 있었습니다. 강 목사님도 기회가 되면 한 번 가 보고 싶다고 했습니다. 그런 강 목사님에게 선뜻 아둘람 굴 찾으러 가자고 하지 못했습니다. 이유는 3년 전, 미리 알아보고 또 현장에서 계속 전화를 하면서 찾았는데도 찾지 못했던 경험이 있기 때문입니다.

아둘람 굴이 드고아 골짜기에 있다?

2011년 성지연수 숙소는 베들레헴 빵집교회(House of Bread Church) 5층에 있는 게스트하우스였습니다. 베들레헴에서 3일간의 일정을 마치고 다른 지역으로 이동하기로 한 날, 아침 식사 시간에 빵집교회 이사(Issa, 60세) 목사님과 이야기를 나눴습니다.

"목사님, 혹시 아둘람 굴 아세요?"

이사 목사님은 망설이지도 않고 안다고 했습니다.

"헤로디온에서 조금만 더 내려가면 있습니다."

지도를 가지고 와서 손으로 가리키는데, 전날 우리가 갔던 드고아 골짜기를 가리키는 것입니다. 전날 강태윤선교사님이 시편 23편을 읽기에 좋은 곳이라고 데리고 갔던 곳입니다. 그곳에 큰 굴이 있었습니다. 굴 안으로 들어가자 꽤 넓은 곳이 나왔습니다. 100여 명은 족히 둘러앉을 수 있는 광장 같은 곳도 있었습니다. 굴은 안쪽으로 계속 이어졌습니다. 강 목사님은 그 굴의 깊이가 얼마나 되는지는 알 수 없다고 했습니다. 우리는 더 깊은 곳으로 들어가 보는 시도는 하지 않았습니다. 굴 초입에 있는 광장에서 굴 안쪽으로 들어가는 입구에는 줄이 달려 있었습니다. 혹여라도 안에서 길을 잃으면 줄을 잡고 나오라는 의미 같았습니다. 이곳은 아무런 시설도 갖추지 않은 자연 동굴 그대로입니다. 표지판도 없고 전기 시설도 없습니다.

그날 나는 그곳에서 아둘람 굴을 생각했습니다. 어쩌면 아둘람 굴이 이렇게 생겼을지 모르겠다는 생각이 들었습니다. 3년 전 아둘람 굴을 찾기 위해 갔던 곳의 지형은 가슴으로 다가오지 않았습니다. 왜냐하면 그저 너무나도 평이한 작은 언덕이었기 때문입니다. 그곳은 사방이 열려 있는 곳으로 뛰어난 전략가인 다윗이 사울의 눈을 피해 숨기에는 적당한 지형이 아닌 것 같았습니다. 아둘람 굴이 있는 지형이 이런 곳일 수는 없다는 생각을 했습니다. 그런 경험이 있었기 때문에, 강태윤 선교사님과 함께 간 드고아 골짜기의 굴을 누가 아둘람 굴이라고 하면 가슴으로 확 다가올 것 같았습니다. 그래서 '여기가 아둘람 굴이면 좋겠다'는 이야기를 함께 간 이들에게 그 굴에서 몇 차례 했습니다.

전날 갔던 굴이 아둘람 굴이라고?

그런데 전날 갔던 그 굴이 아둘람 굴이라니! 아침을 먹다 흥분할 만도 하지요. 굴이 있는 그곳의 이름을 구글어스에서는 하리툰(Haritun)이라고 했습니다. 그곳에 대해 이사 목사님에게 물었습니다. 이사 목사님은 하리툰의 원 발음은 '크라툰'이라고 했습니다. 2011년 이스라엘에서 발행된 지도에는 그곳이 카레이툰(Khareitun)이라고 되어 있습니다. 이사 목사님에 따르면 크라툰은 4세기 경에 터키에서 온 수도사의 이름이랍니다. 그의 이름을 따서 그 골짜기를 크라툰이라고 부릅니다. 구글어스에서 찾아보니 크라툰에 굴 표시가 3개 나오면서 사진이 몇 장 나왔습니다. 그중에 가장 큰 굴은 길이가 4km가 된다고 했습니다. 구글어스에 가장 큰 굴이라고 표시된 굴은 전날 우리가 다녀온 곳에서 아래쪽으로 더 내려가야 있었습니다.

흥분한 우리는 이사 목사님과 아들 목사님에게 그 굴에 함께 가 보자고 제안했습니다. 기꺼이 가겠다고 했습니다. 그러나 그곳을 가기 위해서는 유대인 정착촌을 통과해야 한다고 했더니, 갈 수 없다고 했습니다. 허가증이 없으면 팔레스타인 사람들은 유대인 정착촌을 출입할 수 없습니다. 아쉬웠습니다. 그때, 이사 목사님이 헤로디온에서 골짜기를 따라 걸어서 가면 갈 수 있다고 했습니다. 참고로 헤로디온은 베들레헴 남쪽에 있는 예수님 탄생 때 왕이었던 헤롯대왕의 요새로, 훗날 이곳에 헤롯이 묻히기도 했습니다. 우리는 그렇게 하기로 하고 간단한 먹거리와 최소한의 짐을 챙겨 출발했습니다. 차는 헤로디온 주차장에 주차하고 걷기 시작했습니다. 전날은 유대인 정착촌 안으로 차를 몰고 들어가서, 크라툰 동굴에서 가장 가까운 곳까지 가서 주차를 하고 산 위에서 30분 정도 걸어서 굴까지 갔습니다.

우리는 헤로디온을 출발해서 골짜기를 따라서 걷기 시작했습니다. 이 골짜기는 평소에는 사진에서 보는 것처럼 말라 있다 비가오면 강을 이룹니다. 사진에서 보는 것과 같은 우리가 걸은 이런 골짜기를 '와디'(Wadi)라고 합니다. 건천(乾川)이라는 의미입니다.

전날 우리가 갔던 굴 있는 곳까지 가는데도 한참을 걸었습니다. 골

헤로디온에서 드고아 골짜기를 따라 아둘람 굴을 찾아가는 중이다.

짜기 아래서 그 굴을 올려다 보고 우리는 골짜기를 따라 계속 걸었습니다. 골짜기 좌우에는 사람들이 거주했던 흔적들이 곳곳에 남아 있었습니다. 굴 앞을 막아 집을 만든 형태입니다. 굴집이라고 할까요. 오래전 것이라고 하는데 얼마 전에 만든 것 같았습니다. 목자들이 양을 데리고 들어가 쉬었던 곳임을 금방 알 수 있는 굴도 있었습니다. 최근에도 사용했는지 냄새가 몹시 났습니다. 가다 힘들면 쉬었습니다. 점심도 간단히 해결했습니다.

이사 목사님은 바닥에서 돌멩이 몇 개를 들어 보여 주면서 다윗이 골리앗을 쓰러뜨릴 때 사용했던 것과 같은 돌이라고 했습니다. 이사

5. 아둘람 굴 161

목사님은 중간중간에 할렐루야가 들어간 아랍어 찬양을 부르며 걸었습니다. 가는 길에 들짐승도 만났습니다. 위험하지는 않았습니다. 우리를 보고 들짐승 두 마리가 도망을 갔습니다. 산 위에서 양을 치고 있는 목자도 만났습니다. 큰 소리로 인사를 건넸습니다. 목자도 큰 소리로 화답했습니다.

해지기 전에 돌아가는 것으로 바뀐 목표

우리는 계속 굴을 찾으며 내려갔습니다. 다섯 시간 이상을 걸었습니다. 중간중간에 작은 굴은 보았지만 우리가 찾는 큰 굴은 보이지 않았습니다. 그날 우리는 굴을 찾지 못했습니다.

굴을 찾지는 못했지만 다윗과 시편을 충분히 경험했습니다. 굴을 찾기 위해 골짜기에서 위로 올라왔다 골짜기로 내려갔다 하는 동안 "나의 발을 암사슴과 같게 하시며"시 18:33가 어떤 의미인지 그냥 가슴으로 다가왔습니다. 다윗이 사울을 피해 도망 다니던 일을 마치고 하나님께 드린 찬양 가운데 "내 발이 미끄러지지 아니하게 하셨나이다"삼하 22:37라는 고백이 나옵니다. 전에 이 구절을 읽을 때는 그저 '발을 미끄러지지 않게 하셨나 보다' 했습니다. 그러나 현장에서 골짜기를 오르락내리락 해 보니 이 말은 곧 '살려 주셨다'는 말이었습니다.

골짜기는 사진에서 보는 것과 같이 가파릅니다. 이곳을 오르락내리락 할 때 발이 미끄러지면 그대로 골짜기로 굴러 떨어집니다. 그러면 중상이거나 사망입니다. 다윗은 이런 길을 걸어서 도망을 다녔습니다.

드고아 골짜기에서 만난 양을 치는 목자. 자세히 봐야 보인다.

이런 상황에서 다윗이 '하나님께서 나의 발을 미끄러지지 않게 해 주셨다'고 한 것은 '하나님께서 나를 살려 주셨다'는 감사의 고백입니다. 나도 현장에서 이 고백을 했습니다. 한 번은 넘어지고, 한 번은 자빠졌습니다. 다행히 이런 일이 벌어진 곳이 골짜기 아래라서 굴러떨어지지는 않았습니다.

해 지기 전에 다시 돌아가야 합니다. 다시 왔던 길을 되돌아 올라가려면 날이 어두워집니다. 우리는 산 위로 올라가기로 마음을 정했습니다. 산 위는 유대인 정착촌일 것 같았습니다. 삼면이 모두 이런 절벽과 같은 깊은 골짜기이고 한쪽만 열려 있는 곳 위에 유대인 정착촌이 있습니다. 그러나 이사 목사님과 아들 파디 목사님은 산 위로 올라가기를 두려워했습니다. 그곳을 경비하는 군인에게 발각되면 총을 쏠지도 모른다고 했습니다.

자동차 승차감이 좋지 않다면, 골짜기를 다섯 시간 이상 걸은 후에 타 보라

내가 먼저 올라가서 상황을 보기로 했습니다. 아주 가파른 곳을 기어오르듯이 올라갔습니다. 차 한 대가 다닐 수 있는 길이 나왔고 집이 몇 채 눈에 들어왔습니다. 지나가는 차를 세워 물어보았습니다. 예상했던 대로 유대인 정착촌이었습니다. 이곳을 나가려면 군인들이 지키고 있는 체크포인트를 지나야 했습니다. 일단 사정을 해 보기로 했습니다. 도무지 그 길을 다시 거슬러 올라 헤로디온으로 가는 것은 엄두가 나지 않았습니다. 게다가 날이 어두워지면 매우 추워지고 앞이 보이지 않아 위험합니다. 일단 우리 팀을 산 위로 올라오게 했습니다. 우리가 처음 출발한 헤로디온이 저 멀리 보였습니다. 지나가는 차를 세웠습니다. 젊은 유대인 내외가 타고 있었습니다. 우리의 사정을 이야기 했습니다. 차를 태워 주겠다고 했습니다. 앞자리에 우리 일행 5명이 다 탈 수는 없었습니다. 성지연수를 함께 간 성백철 목사님이 앞에 타고 팔레스타인 목사님과 아들이 적재함 안쪽에, 나와 홍철진 강도사님이 바깥쪽에 앉았습니다. 차 바닥이 지저분했지만 그것은 아무 상관이 없었습니다. 덜컹거릴 때 머리가 적재함 위에 부딪혔지만 그것도 아무 문제가 되지 않았습니다. 차를 타고 간다는 자체가 그저 감사했습니다. 체크포인트를 무사히 통과했습니다. 유대인 젊은 내외가 운전을 하는 차였기 때문에 체크포인트에서 아무런 제지도 하지 않았습니다. 할렐루야! 우리는 적재함 안에서 하나님의 이름을 찬양했습니다.

저녁을 먹고 또 아둘람 굴을 찾아서

예수탄생기념교회 근처에 있는 식당에서 저녁 식사를 함께한 후에 이사 목사님과 작별 인사를 했습니다. 그리고 우리는 다시 조금 전 골짜기에서 올라와 차를 탔던 그곳으로 갔습니다. 가장 끝에 있는 유대인 집을 찾아가 혹시 이 근처에 큰 동굴이 있는지 물었습니다. 미국에서 온 삼십 대 유대인은 단호하게 없다고 했습니다. 큰 동굴은 위쪽에 있다고 하면서 전날 우리가 다녀온 굴을 가르쳐 주었습니다.

"그 굴이 가장 큰 굴이라고요?"

그렇다고 했습니다.

그 굴의 길이가 4km 정도 된다고 했습니다.

"이런…."

구글어스를 캡처한 화면을 아이패드로 보여 주자 전날 우리가 다녀온 그곳이 가장 크고 긴 바로 그 동굴이라고 했습니다. 구글어스 표기에 오류가 있었던 것입니다. 전적으로 신뢰할 분은 오직 하나님 한 분밖에 없음을 다시 한 번 실감했습니다.

감사했습니다. 이 과정을 거치지 않았으면 그 어딘가에 있을 큰 굴을 찾지 못한 아쉬움을 안고 돌아가야 했는데 우리가 갔던 굴이 가장 큰 굴이라는 사실을 확인했으니 말입니다. 4km의 굴이라면 400명의 사람들이 함께 생활할 수 있을 것 같았습니다.

우리가 낮에 가지고 갔던 가방 안에 이사 목사님 카메라가 들어 있다는 전화를 받아, 카메라를 돌려주러 다시 이사 목사님 댁으로 갔습니다. 이미 해는 져서 어두워졌습니다. 우리는 하룻밤을 그곳에서 더 머물기로 했습니다. 이사 목사님 가족은 반가워했습니다. 그 밤에 본격적으로 크라툰이 아둘람이라는 이사 목사님의 주장에 대해 공부를 했습니다. 이사 목사님은 목사님이 갖고 있는 자료를 찾고, 우리는 바이블웍스(성경 원어 연구 프로그램)를 통해 원어적으로 살펴보며 아둘람이 나오는 해당 구절을 연구했습니다.

아랍어 성경 사전에는 크라쿤 동굴이 아둘람 굴로 나와 있다

이사 목사님이 카이로에서 나온 아랍어 성경 사전에서 아둘람을 찾아 가지고 왔습니다. 거기에 아둘람이 크라툰이라는 내용이 있었습니다. 아랍어로 된 그 내용을 그대로 영어로 번역을 해 달라고 했습니다.

"It is Kharatoun's cave(close to Bethlehem)"

아랍어 성경 사전에 따르면 이 굴의 길이가 160m가 더 된다고 기록되어 있고, 수백 명의 사람들이 거주할 수 있다고 기록되어 있었습니다. 우리는 그 밤과 다음 날 아침까지 성경 본문과 원어를 면밀하게 살펴보았지만, 현장을 다녀온 경험이나 정황으로 볼 때는 이 굴이 아둘람 굴 같다는 마음은 들었지만, 그것을 뒷받침해 줄 성경적 근거는 찾지 못했습니다. 우리는 이것을 '아랍계 그리스도인들은 크라툰을 아둘람 굴이라고 한다'는 정도로 정리하기로 하고 아침에 이사 목사님 집을 나왔습니다.

갈릴리로 향하다 다시 아둘람 굴을 찾아서

갈릴리를 향하여 가기로 하고 나왔는데, 여전히 마음은 아둘람 굴에 가 있었습니다. 우리는 또 다시 아둘람 굴을 찾아가는 일에 도전했습니다. 전날 밤에 찾아갔던 미국에서 온 유대인에게 가서 아둘람으로 가는 길을 물었습니다. 전날 그에게 크라툰을 아둘람 굴이라고 생각하느냐고 물었더니 단호하게 아니라고 하면서 아둘람 굴은 아둘람에 있다고 힘주어 했던 말이 생각났기 때문입니다. 그는 집에 있던 자세한 이스라엘 지도를 가지고 나와서 친절하게 일러 주었습니다. 카메라로 그 지도를 촬영해서 아이패드로 보면서 아둘람 굴을 찾아 떠났습니다.

현대 바이블랜드에 아둘람이라는 지명이 있습니다. 옛 아둘람을 지금도 아둘람이라고 부릅니다. 이곳은 엘라 골짜기를 끼고 있습니다. 엘라 골짜기는 우리가 전날 걸었던 크라툰 골짜기(나할, 우리 성경에서는 강, 혹은 시내로 번역) 같은 곳이 아닙니다. 이곳은 계곡과 같은 분지(에메크, 성경에서는 골짜기로 번역)입니다. 산과 산 사이의 평원을 이렇게 표현합니다. 우리 생각에는 그냥 넓은 밭인데, 골짜기로 불립니다.

미국에서 온 유대인이 가르쳐 준 대로 우리는 차를 가지고 아둘람까지 왔습니다. 예를 들면 노원구까지는 온 것입니다. 이제 태릉이 어디 있는지를 찾는 과정만 남았습니다. 여러 사람에게 아둘람 굴을 물었지만 아는 사람이 많지 않았습니다. 그저 여기가 아둘람이라는 대답만 했습니다.

아둘람 굴을 아는 사람을 만나다

아둘람에 있는 한 키부츠에 가서 물었습니다. 키부츠 안에 있는 중고품 상점 안에서 딸과 함께 옷을 고르고 있던 아주머니가 관심을 보였습니다. 그는 우리를 상점에서 데리고 나가 눈앞에 보이는 밭을 가리키면서 여기가 다윗이 골리앗을 쓰러뜨린 곳이라고 가르쳐 주었습니다. 친절한 유대인 아주머니가 친구들 몇 명에게 전화를 해서 아둘람 굴이 어디 있는지 알아봐 주었습니다. 알만한 사람들 몇 명에게 전화를 했지만 아는 사람이 많지 않았습니다. 드디어 아둘람 굴을 아는 사람과 통화가 되었습니다. 그 친절한 유대인 아주머니는 자랑스럽게 아둘람 굴 가는 길을 가르쳐 주었습니다.

그 아주머니가 가르쳐 준 대로 갔습니다. 그 키부츠 앞에 있는 에드레트(Aderet) 유대인 정착촌을 정문으로 들어가 후문으로 나가면 텔 아둘람을 가는 곳이 나옵니다. 작은 이정표가 히브리어로만 되어 있습니다. 에드레트 정착촌 후문으로 나가 우회전을 하고 좌회전을 해서 산길을 따라 올라가야 합니다. 차 한 대가 다닐 수 있는 작은 시골길입니다. 텔 아둘람 주차장까지 갔다가 그곳이 아닌 것 같아 도로 나와 반대 방향으로 갔습니다. 마주 오는 차를 세워 물었더니 조금 전 우리가 갔던 그곳이 텔 아둘람이라고 했습니다.

드디어 찾아간 아둘람 굴

우리는 다시 돌아서 갔습니다. 물어볼 사람이 있는 게 감사했습니다. 아마 평일이면 그곳에 사람들이 없을 것 같습니다. 마침 우리가 간 날은 안식일이라 사진에서 보는 것처럼 피크닉을 나온 사람들이 곳곳

5. 아둘람 굴　**169**

에 있었습니다. 그 사람들에게 물어물어 갔습니다. 나중에야 이정표에 쓰인 텔 아둘람 이라고 쓰인 히브리어가 눈에 들어왔습니다.

히브리어로 씌여진 아둘람 굴이라는 표지판

텔 아둘람에 도착하면 아무것도, 아무도 없습니다. 산 위에 올라가면 평평한 평지가 나옵니다. 고대 그곳에 도시가 있었음을 보여 주는 집터 흔적들이 곳곳에 있을 뿐입니다. 텔 아둘람 위에 올라가서 보면 베들레헴과 예루살렘이 아스라이 눈에 들어옵니다. 아주 맑은 날은 보일 것 같습니다.

텔 아둘람 위에 안식일을 맞아 피크닉을 온 사람들이 있었습니다. 그 사람들에게 굴이 어디 있는지 물었습니다. 엘라 골짜기가 바라다 보이는 곳으로 우리를 안내해 주었습니다. 거기 굴들이 있었습니다. 각종 자료에 첨부되었던 사진 속 굴 입구들이 나타났습니다. 잠깐 돌아보았는데도 여러 개의 굴이 있었습니다.

　3년 전 아둘람 굴을 찾으러 왔던 곳은 이곳이 아니었습니다. 잘못 찾아간 것이었습니다. 그때는 만약 여기서 굴을 찾는다 해도 이것을 다윗이 사울을 피해 숨었던 아둘람 굴이라고 하기에는 무리라는 생각을 했습니다. 그러나 텔 아둘람에서 굴에 들어가 보면서 여기를 아둘람 굴이라고 하는 것에 대해 동의가 되었습니다. 아둘람 굴은 산 위쪽에 있었습니다. 예루살렘에서 사울이 군대를 데리고 수색을 나오면 그것을 멀리서도 볼 수 있었습니다. 한 굴에서 사백 명이 생활했다기보다는 여러 개의 굴에 사람들이 흩어져서 가족 단위로 거주했을 가능성이 높습니다. 다윗에게로 온 400명의 사람들 중에는 가족이 함께 온 경우가 많았습니다. 다윗도 가족이 함께 왔습니다.

　나는 오랫동안 그렇게 마음에 사모하던 아둘람 굴, 그 굴 앞에 앉았

5. 아둘람 굴　171

아둘람에 있는 많은 굴 중에 한 굴 앞에서

습니다. 하나님이 주신 감동이 컸습니다. 그 앞에서 시편 23편을 다시 읽었습니다. 아모스의 고향 드고아, 지금은 크라툰이라고 부르는 골짜기 위에서 읽었던 시편 23편과는 또 다른 감동이 임했습니다. 시편 23편 앞부분이 가슴으로 다가왔습니다.

"¹여호와는 나의 목자시니 내가 부족함이 없으리로다 ² 그가 나를 푸른 풀밭에 누이시며 쉴 만한 물 가로 인도하시는도다." 시 23:1-2

크라툰 골짜기에 다녀와서 골짜기 곳곳에 풀이 조금 난 사진에 이 곳이 푸른 초장이라는 설명을 달았는데, 아무래도 이것은 수정해야 할 것 같습니다. 아둘람 굴 앞에 앉아 엘라 골짜기를 바라보니 '아, 이게 푸른 초장이구나' 하는 마음이 저절로 들었습니다.

아둘람 굴 근처에 있는 엘라 골짜기

아둘람 굴에서 바라본 엘라 골짜기

아둘람굴교회

아둘람 굴이 뭐길래

아마 이 글을 중간쯤 읽다가 그만 둔 분도 있고, 끈기 있게 여기까지 읽은 분도 있을 것입니다. 여기까지 읽은 분들 중에는 마음 한편으로, '아둘람 굴이 뭐가 그렇게 중요하다고 이렇게 많은 시간을 들이고 많은 지면을 사용할까' 하는 생각이 드는 분이 많을 것 같습니다. 이 글을 통해 성지연수 일정의 며칠을 이 일에 쓰고 있는 것이 그대로 느껴질 테니 말입니다.

이제는 아둘람 굴을 내가 왜 그렇게 가보고 싶어 했는지, 그 이유를 써야 할 것 같습니다. 아둘람 굴은 다윗이 사울의 눈을 피하여 도망가서 지냈던 곳입니다. 그곳엔 풀로 둘러싸여 굴 밖에서는 찾기도 어렵습니다. 그런데 그곳을 가기 위해 이렇게 사모하며 찾고 또 찾은 이유가 있습니다.

교회를 개척해서 섬기면서, 어느 때부터인가 우리 교회가 아둘람굴 교회이길 소원했습니다. 아둘람굴교회를 사모했습니다. 아둘람굴교회는 조 목사가 사모한 교회입니다. 그런 사모함이 있었기에 중간에 포지하지 않고 아둘람 굴을 찾아 갈 수 있었습니다.

환난 당한 모든 자와 빚진 모든 자와 마음이 원통한 자가 교인인 교회

성경에 아둘람 굴에 대한 내용은 아주 짧게 언급됩니다. 앞에서 인용했던 성경을 한 번 더 봅니다.

"1 그러므로 다윗이 그 곳을 떠나 아둘람 굴로 도망하매 그의 형제와 아버지의 온 집이 듣고 그리로 내려가서 그에게 이르렀고 2 환난 당한 모든 자와 빚진 모든 자와 마음이 원통한 자가 다 그에게로 모였고 그는 그들의 우두머리가 되었는데 그와 함께 한 자가 사백 명 가량이었더라." 삼상 22:1-2

이 말씀에서 나를 사로잡은 것은 아둘람 굴로 찾아온 사람들, 아둘람굴교회 구성원들입니다. '환난 당한 모든 자와 빚진 모든 자와 마음이 원통한 자'가 다 다윗에게로 모였습니다. 누가 교회로 올까요. 교회의 구성원은 어떤 사람들일까요. 아둘람굴교회 개척 멤버는 다 '환난 당한 모든 자와 빚진 모든 자와 마음이 원통한 자'입니다. 그들의 우두머리가 된 다윗도 예외는 아닙니다. 그 역시 지금 사울 왕에게 쫓기고 있습니다. 그의 마음 역시 원통하기 그지 없을 것입니다. 이런 사람들이 올 수 있는 교회, 이런 사람들을 포용할 수 있는 교회가 아둘람굴교회입니다.

교회를 개척한 분들은 압니다. 교회를 개척하면 찾아오는 교인들이 어쩌면 하나같이 다 '환난 당한 모든 자와 빚진 모든 자와 마음이 원통한 자'인지 모릅니다. 기성 교회에도 이런 분들이 있겠지만, 개척 교회를 하면 이런 분들이 유난히 많이 찾아옵니다. "하나님 이런 사람들 말로 좀 동역할 수 있는 사람들 좀 보내 주세요." 이런 기도가 절로 나올 수 있습니다. 그러나 이 기도는 소용이 없습니다. 기도 내용을 바꿔야 합니다. "하나님, '환난 당한 모든 자와 빚진 모든 자와 마음이 원통한 자'를 용사와 지도자로 세워 주시옵소서."

환난 당한 모든 자와 빚진 모든 자와 마음이 원통한 자가 용사와 지도자가 되는 교회

'환난 당한 모든 자와 빚진 모든 자와 마음이 원통한 자'가 아둘람굴로 다윗을 찾아왔습니다. 와서 다윗을 머리로 삼고 그를 따랐습니다. 그에게 훈련을 받았습니다. 이들이 나중에는 이스라엘의 용사와 지도자들이 되었습니다.

예수님께서 이 땅에 오셔서 제자들을 부르셨습니다. 예수님에게 나온 이들의 면면을 살펴보면 다름 아닌 바로 '환난 당한 모든 자와 빚진 모든 자와 마음이 원통한 자'입니다. 그런데 이들이 '예수를 나의 구주삼고' 몇 년이 지나지 않아 놀라운 사람들로 바뀌었습니다. 더 이상 '환난 당한 모든 자와 빚진 모든 자와 마음이 원통한 자'가 아닙니다. 왕 같은 제사장이 되어 담대하게 하나님의 나라를 선포하고 주님과 함께 통치하고 있습니다. '환난 당한 모든 자와 빚진 모든 자와 마음이 원통한 자'의 놀라운 변화입니다. 아둘람 굴에서 이루어진 일입니다. 아둘람굴교회에서 이루어진 일입니다.

'환난 당한 모든 자와 빚진 모든 자와 마음이 원통한 자'가 아둘람굴교회로 나와 예수님을 머리로 삼고 훈련을 받으면 용사와 지도자로 거듭납니다. 아둘람굴교회 안에서는 이런 역사가 지금도 계속 일어나고 있습니다. 우리가 처음에 올 때는 '환난 당한 모든 자와 빚진 모든 자와 마음이 원통한 자'였지만 그 상태로 계속 있어서는 안 됩니다. 풀어져야 합니다. 청산해야 합니다.

우리 교회가 아둘람굴교회가 되기를 소망합니다. 이런 간절한 소망 때문에, 아둘람 굴을 그렇게 가 보고 싶었습니다. '환난 당한 모든 자와 빚진 모든 자와 마음이 원통한 자'가 용사가 되고 지도자가 되는 훈련장인 아둘람 굴을 가 보고 싶었습니다.

용사와 지도자가 환난 당한 모든 자와 빚진 모든 자와 마음이 원통한 자를 용사와 지도자로 세우는 교회

우리 자신이 '환난 당한 모든 자와 빚진 모든 자와 마음이 원통한 자'임을 고백합니다. 혹 아둘람굴교회에 와서 예수님을 머리로 삼고 몇 년을 보냈기 때문에, 지금은 혹 지도자의 모습과 용사의 면모를 갖추고 있을지 모릅니다. 하지만 분명한 것은 아둘람굴교회를 처음 찾을 때 우리 모습을 돌아보면 우리 역시 '환난 당한 모든 자와 빚진 모든 자와 마음이 원통한 자'였습니다.

아둘람굴교회 안으로는 계속해서 '환난 당한 모든 자와 빚진 모든 자와 마음이 원통한 자'가 찾아와야 합니다. 그리고 그들은 아둘람굴교회를 통해서 계속 용사와 지도자로 거듭나야 합니다. 이 일은 교회가 존재하는 한 계속되어야 합니다.

아둘람굴교회를 통해 '환난 당한 모든 자와 빚진 모든 자와 마음이 원통한 자'에서 용사와 지도자로 거듭난 사람들이 많아져야 합니다. 그러나 그들만의 공동체를 지향해서는 안 됩니다. '환난 당한 모든 자와 빚진 모든 자와 마음이 원통한 자'는 없고 온통 용사와 지도자만 있는 교회를 꿈꿔서는 안 됩니다. '환난 당한 모든 자와 빚진 모든 자와 마음이 원통한 자'와 그 가운데서 새롭게 된 용사와 지도자가 함께하는 교회가 되어야 합니다. 아둘람굴교회는 늘 열려 있어야 합니다. 언제든지 '환난 당한 모든 자와 빚진 모든 자와 마음이 원통한 자'가 올

수 있어야 합니다. 와야 합니다. 아니 가서 데리고 와야 합니다.

아둘람굴교회를 통해 회복된 이들은 이제 '환난 당한 모든 자와 빚진 모든 자와 마음이 원통한 자'를 세우는 일에 나서야 합니다. 아둘람굴교회를 통해 용사와 지도자가 된 사람들은 예수님의 조교가 되어 '환난 당한 모든 자와 빚진 모든 자와 마음이 원통한 자'를 용사와 지도자로 세워야 합니다. '환난 당한 모든 자와 빚진 모든 자와 마음이 원통한 자'였던 자신이 어떻게 용사와 지도자로 거듭났는지를 함께 나누며 도와줘야 합니다. 이런 이들을 향해 무관심과 방관과 정죄가 아닌 관심과 도움을 줘야 합니다.

아둘람 굴

엔게디

엔게디교회는 권위를 인정하는 교회입니다. 사울이 하고 있는 일을 보면 왕으로 대우할 만한 것이 하나도 없습니다. 오히려 왕의 자리에서 쫓아내야 할 것 같습니다. 사울과 사울이 하는 일을 보면 그렇습니다. 그러나 하나님을 보면, 사울을 왕으로 기름 부으신 하나님을 보면, 하나님을 인정하면 그렇게 할 수 없습니다. 하나님의 기름 부으심을 인정하는 것은 곧 하나님을 인정하는 것입니다.

엔게디 굴로 도망한 다윗

사울 왕은 다윗을 잡으러 다닙니다. 다윗은 사울을 피해 도망 다닙니다. 사울 왕의 재임 기간 동안 많은 시간을 다윗을 잡으러 다니는데 썼습니다. 다윗이 블레셋 장수 골리앗을 쓰러뜨린 것을 통해 위기에 처한 이스라엘은 승리했는데, 이 일로 사울의 심기는 몹시 불편해졌습니다. 철없는 여인들이 사울 앞에서 "사울이 죽인 자는 천천이요 다윗은 만만이로다"삼상 18:7라고 한 것도 한 원인이 되었지만, 보다 근본적인 것은 사울의 자신감 상실입니다.

사울은 왕이 된 후에 사무엘과 관계가 틀어졌습니다. 길갈에서의 번제를 직접 집례한 일로 한 차례 야단을 맞은 데다 아말렉을 진멸하라는 하나님의 말씀을 저버리고 쓸만한 것들을 챙겨 오는 일로, 사무엘을 통해 "왕이 여호와의 말씀을 버렸으므로 여호와께서도 왕을 버려 왕이 되지 못하게 하셨나이다"삼상 15:23는 통보를 받은 상태입니다. 이 일 후에 사무엘이 죽는 날까지 다시 사울을 보지 않았습니다. 이런 상황에서, 사울은 조급해졌습니다.

드러나지 않게 한다고 했지만, 사무엘이 다윗에게 기름을 부은 것도 사울은 눈치챈 것 같습니다. 그러다 보니, 그는 자신이 살 길은 오직 다윗을 제거하는 일이라고 생각했습니다. 이런 중에 다윗을 추격하는 것이기 때문에, 사울의 추격은 집요했고 끈질겼습니다. 사울은 다윗을 뒤쫓다가 블레셋이 쳐들어오면 가서 싸우는 일을 반복했습니다.

다윗이 엔게디에 숨었습니다. 엔게디는 성경에서 '엔 게디'라고 쓰기도 하고, '엔게디'라고 붙여쓰기도 합니다. 엔은 샘이라는 뜻입니다. 엔 게디는 새끼 염소의 샘이란 의미가 있습니다. 성경에는 엔게디 요새삼상 23:29, 엔게디 광야삼상 24:1로도 표현되어 있습니다. 지금 엔게디에 가면 엔게디 국립공원이 있습니다. 입장료를 내고 들어가야 합니다. 엔게디가 어디 있는지 지도에서 찾아 보십시오.

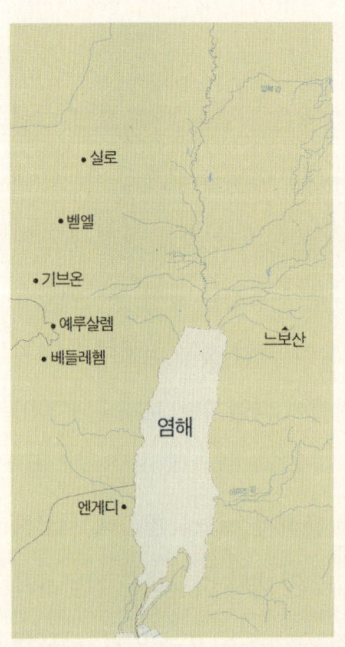

엔게디 (현재 예루살렘과 기브온과 실로가 표시된 지도)

엔게디 안에 있는 폭포

그 많은 동굴 중에서 하필

엔게디는 지형적으로 숨으면 찾기가 어렵습니다. 가서 보면, '여기 숨으면 정말 찾기 어렵겠다'는 생각이 저절로 듭니다. 엔게디에는 굴이 많습니다. 다윗과 그의 사람들이 엔게디의 한 굴로 피했습니다. 그런데 하필이면, 그 굴로 사울이 뒤를 보러 들어갑니다. 전에 사용하던 개역한글성경에서는 이것을 '발을 가리우러 들어갔다'고 표현해서, 해석이 구구했습니다. 개역개정에서는 '뒤를 보러 갔다'고 명쾌하게 번역했습니다. 굴 안쪽 깊은 곳에는 다윗이 숨어 있고, 굴 입구에서 조금 들어와 사람들의 시선을 피해 사울이 뒤를 보고 있습니다. 굴이라는 폐쇄 공간을 고려하면 냄새도 좀 났을 것 같습니다.

기회 같은 시험

굴로 들어온 사울을 본 다윗의 사람들이 다윗에게 지금이 사울을 없앨 수 있는 하나님이 주신 절호의 기회라고 다윗을 부추깁니다.

"보소서 여호와께서 당신에게 이르시기를 내가 원수를 네 손에 넘기리니 네 생각에 좋은 대로 그에게 행하라 하시더니 이것이 그 날이니이다." 삼상 24:4

사람들이 하나님의 말씀을 인용하며 사울을 죽이자고 합니다. 다윗도 순간 '그런가' 했습니다. 이것을 우연이라고 말하기는 어렵습니다.

엔게디에 가 보기 전에는 엔게디에는 '굴이 몇 개 없는가보다', 이렇게 생각했습니다. 그러나 막상 가 보니 엔게디는 넓었고 수없이 많은 굴이 있었습니다. 그런데 그 굴 중에 하필이면 다윗이 있는 굴로 사울이 뒤를 보러 들어온 것은 다윗의 사람들이 말한대로 하나님이 그렇게 하셨다고 충분히 생각할 수 있습니다. 뒤를 보러 가면서 경호원을 옆에 세웠을리도, 칼을 차고 있었을리도 없습니다. 볼일을 보려면 무장을 해제할 수밖에 없습니다. 이런 상황을 다윗의 사람들처럼 해석할 수도 있습니다. 또한 이것을 서류 심사에 합격한 다윗을 하나님께서 현장 면접하고 계신 것으로 해석할 수도 있습니다.

다행히 다윗은 다윗의 사람들의 해석을 받아들이지는 않았습니다. 다윗이 사울의 겉 옷자락을 가만히 베었습니다. 그런데 옷자락만 베었는데도 다윗의 마음이 찔렸습니다. 자기 사람들에게 "내가 손을 들어 여호와의 기름 부음을 받은 내 주를 치는 것은 여호와께서 금하시는 것이니 그는 여호와의 기름 부음을 받은 자가 됨이니라"삼상 24:6라고 고백합니다. 다윗은 자기만 사울을 죽이지 않은 것이 아니라 함께 한 자기 사람들에게도 사울을 해하는 것을 금했습니다.

하나님이 하실 일은
하나님이 하시도록 하는 것이 믿음이다

사울이 일어나 굴에서 나가 자기 길을 갔습니다. 신기한 일은, 다윗이 자신의 겉 옷자락을 베는데 사울이 몰랐다는 것입니다. 그 정도의 인기척은 금방 느낄 수 있을텐데 말입니다. 다윗도 굴에서 나가 사울의 뒤에서 "왕이여"하고 큰 소리로 사울을 불렀습니다. 사울이 돌아보자 다윗이 땅에 엎드려 절했습니다. 다윗은 여전히 사울을 왕이라고 불렀습니다. 땅에 엎드려 절하는 것으로 왕에 대한 예도 갖추었습니다. 자신을 죽이려는 사람에게 이렇게 하기는 쉽지 않습니다. 다윗은 사울에게 자신의 억울함을 호소했습니다.

"9 다윗이 왕을 해하려 한다고 하는 사람들의 말을 왕은 어찌하여 들으시나이까 10 오늘 여호와께서 굴에서 왕을 내 손에 넘기신 것을 왕이 아셨을 것이니이다 어떤 사람이 나를 권하여 왕을 죽이라 하였으나 내가 왕을 아껴 말하기를 나는 내 손을 들어 내 주를 해하지 아니하리니 그는 여호와의 기름 부음을 받은 자이기 때문이라 하였나이다." 삼상 24:9-10

다윗의 이 말 속에 자신이 사울을 죽이지 않은 이유를 다시 한 번 설명했습니다. "나는 내 손을 들어 내 주를 해하지 아니하리니 그는 여호와의 기름 부음을 받은 자이기 때문이라." 이것은 다윗의 확실한 믿음입니다. 다윗은 이미 하나님이 사울을 버리셨음도 압니다. 자신이 왕이 될 것도 알았습니다. 그럼에도 그는 하나님이 사울의 왕위를 폐하시기 전에 자신이 그의 왕위를 폐하는 일은 하지 않았습니다. 왕을 세우고 폐하시는 일은 하나님의 일임을 그는 알았습니다.

다윗은 "여호와께서는 나와 왕 사이를 판단하사 여호와께서 나를 위하여 왕에게 보복하시려니와 내 손으로는 왕을 해하지 않겠나이다" 삼상 24:12고 사울에게 분명히 말했습니다. 다윗은 하나님의 일은 하나님이 하실 것이라는 믿음이 있었기 때문에 사울을 죽일 수 있는 기회가 왔지만, 죽이지 않았습니다. '그것은 내 일이 아니라 하나님의 일이다.' 하나님의 일은 하나님께서 하시도록 확실하게 돌려드렸습니다.

그 사람보다 그를 세운 하나님을 보고

만약 다윗이 사울만 보았다면, 죽였을 수도 있습니다. 그러나 다윗은 하나님을 보았습니다. 그에게 기름을 부으신 하나님을 보았습니다. 그에게 기름을 부으신 하나님을 생각했기 때문에 그는 왕을 죽일 수 없었습니다. 하나님을 생각해서, 그를 사랑하신 하나님을 생각해서, 그를 그 자리에 세우신 하나님을 생각해서 어떤 일을 하거나 하지 못했다면, 다윗의 믿음이 우리에게도 있는 것입니다.

이 말을 들은 사울이 "내 아들 다윗아 이것이 네 목소리냐" 삼상 24:16하고 소리를 높여 울며 다윗에게 말했습니다.

"¹⁷ 나는 너를 학대하되 너는 나를 선대하니 너는 나보다 의롭도다 ¹⁸ 네가 나 선대한 것을 오늘 나타냈나니 여호와께서 나를 네 손에 넘기셨으나 네가 나를 죽이지 아니하였도다 ¹⁹ 사람이 그의 원수를 만나면 그를 평안히 가게 하겠느냐 네가 오늘 내게 행한 일로 말미암아 여호와께서 네게 선으로 갚으시기를 원하노라 ²⁰ 보라 나는 네가 반드시 왕이 될 것을 알고 이스라엘 나라가 네 손에 견고히 설 것을 아노니 ²¹ 그런즉 너는 내 후손을 끊지 아니하며 내 아버지의 집에서 내 이름을 멸하지 아니할 것을 이제 여호와의 이름으로 내게 맹세하라." 삼상 24:17-21

다윗은 원수도 그를 축복할 만큼 처신했습니다. 사울은 다윗에게 "보라 나는 네가 반드시 왕이 될 것을 알고 이스라엘 나라가 네 손에 견고히 설 것을 아노니"라며 "너는 내 후손을 끊지 아니하며 내 아버지의 집에서 내 이름을 멸하지 아니할 것을 이제 여호와의 이름으로 내게 맹세하라"고 사정했습니다. 다윗이 사울에게 그렇게 하겠다고 맹세했습니다. 사울은 집으로 돌아가고 다윗과 그의 사람들은 요새로 올라갔습니다.

엔게디 장면이 이렇게 끝나면, 당연히 그 결과는 '그 후로 사울은 다윗 쫓기를 그쳤더라'로 나타나야 합니다. 그런데 사람의 결심은 그야말로 작심삼일인가 봅니다. 이후로도 사울의 다윗 잡으러 다니기는 계속됩니다.

엔게디교회

권위를 인정한 교회

엔게디에서 있었던 이 일을 통해 권위에 대해 배웁니다. 엔게디교회를 통해 권위를 깊이 묵상합니다. 권위를 인정한다는 말은 그에게 주어진 권한이나 권력을 인정하는 것입니다. "과장의 권위를 인정했다. 부장의 권위를 부정했다"는 표현이 있습니다. 그에게 주어진 과의 장인 권한, 과의 장으로 주어진 힘을 인정 혹은 부정한 것을 두고 하는 말입니다. "계급장 떼고 얘기하자"는 말도 있습니다. 그에게 주어진 권한이나 권력을 인정하지 않은 상태로, 자연인 상태로 얘기하자는 말입니다.

권위는 나라에 의해 주어지기도 하고 회사에 의해 주어지기도 하고 국민에 의해 주어지기도 합니다. 물론 근원적으로 권위는 하나님에 의해 주어집니다. 하나님께서 결혼 제도를 만드시고, 가정의 질서를 위해 남편에게 권위를 주셨습니다. 남편을 가정의 결정권자로 세우셨습니다. 이것을 인정하면 남편의 권위를 인정합니다. 이것을 부정하면 남편의 권위를 부정합니다. 당신이나 나나 다 같은 인간인데 내가 왜 당신의 결정을 따라야 하느냐고 하면 할 말이 없습니다. 회사에서도 나이 어린 상사에게 내가 당신보다 나이가 많은데, 나이 많은 내가 당신의 말을 따라야 할 이유가 뭐가 있느냐고 따진다면, 마땅히 할 말이 없습니다. 회사가 그를 부장으로 세운 것을 인정하면 비록 자신보다 어려도 그의 말을 듣습니다.

권위를 인정하지 않는 것은 곧 그에게 권위를 준 사람이나 기관을 인정하지 않거나 무시하는 것입니다. 회사가 전무로 임명했는데, 그를 인정하지 않는 것은 단순히 그 사람을 무시하는 차원이 아니라 회사를 무시하고 임명권자인 사장을 무시하는 것입니다. 권위는 항상 그에게 권위를 부여한 사람이나 기관을 인정할 때 인정하게 됩니다.

엔게디교회는 권위를 인정하는 교회입니다. 사울이 하고 있는 일을 보면 왕으로 대우할 만한 것이 하나도 없습니다. 오히려 왕의 자리에서 쫓아내야 할 것 같습니다. 사울과 사울이 하는 일을 보면 그렇습니다. 그러나 하나님을 보면, 사울을 왕으로 기름 부으신 하나님을 보면, 하나님을 인정하면 그렇게 할 수 없습니다. 하나님의 기름 부으심을 인정하는 것은 곧 하나님을 인정하는 것입니다.

하나님의 일을 하나님께 돌린 교회

하나님을 믿는 믿음이 다윗에게 있었습니다. 공의로우신 하나님이 사울을 처리하실 것을 다윗은 믿었습니다. 다윗이 사울에게 한 말 속에도 이 믿음이 들어 있습니다.

"여호와께서 나를 위하여 왕에게 보복하시려니와 내 손으로는 왕을 해하지 않겠나이다." 삼상 24:12

'여호와께서 하실 것이다. 그러나 내 손으로는 하지 않겠다'는 이 믿음은 우리에게도 있어야 합니다. 이 믿음이 있으면 사울처럼 행동하지 못합니다. 이 믿음이 있으면 다윗처럼 할 수 있습니다. 결국을 우리는 알기 때문입니다. 결국 어떻게 되었습니까? 사울은 죽었습니다. 사울을 왕으로 세우신 하나님이 사울을 폐하셨습니다. 다윗은 그때까지 기다렸습니다. 이것이 믿음입니다.

그러나 여기서 한 가지 주의할 것은, 이것을 혹여라도 하나님이 세우고 폐하는 일을 맡긴 사람이나 기관이, 그것을 사명으로 받은 사람이나 기관이 이것을 그대로 적용하면 안 됩니다. 임명권을 가진 사람이, 임하고 면하는 권을 받은 사람이 그것을 하지 않고 하나님께서 하실 것이라고 방치 또는 방임하는 것은 직무유기가 될 수 있습니다.

7

브솔 시내

브솔시내교회에서 배운 교회는 공적 다툼을 하지 않아야 합니다. 자신의 공로를 주장하지도, 다른 사람의 공로를 시기하지도 않습니다. 우리는 항상 전장에 나가고, 항상 진을 지키는 것은 아닙니다. 진을 지킬 때가 있고 전장에 나갈 때가 있습니다. 진을 지키는 자와 전장에 나가는 자가 모두 소중합니다. 어느 경우에라도 전리품은 전장에 나간 자와 진을 지킨 자가 함께 나눕니다.

블레셋 땅 시글락으로 망명한 다윗

다윗이 사울 왕을 피해 도망 다니고 있습니다. 다윗은 블레셋 가드 땅으로 도망합니다. 다윗이 쓰러뜨린 골리앗은 블레셋 장수였습니다. 그런 블레셋으로 다윗이 피신을 갑니다. 다윗은 사울이 두려웠습니다.

다윗은 가드 왕 아기스에게로 피신했습니다. 그런데 금방 자신의 신분이 드러났습니다. 아기스의 신하들이 다윗을 알아보았습니다. 아기스의 신하들이 아기스에게 항의합니다.

"이는 그 땅의 왕 다윗이 아니니이까 무리가 춤추며 이 사람의 일을 노래하여 이르되 사울이 죽인 자는 천천이요 다윗은 만만이로다 하지 아니하였나이까." 삼상 21:11

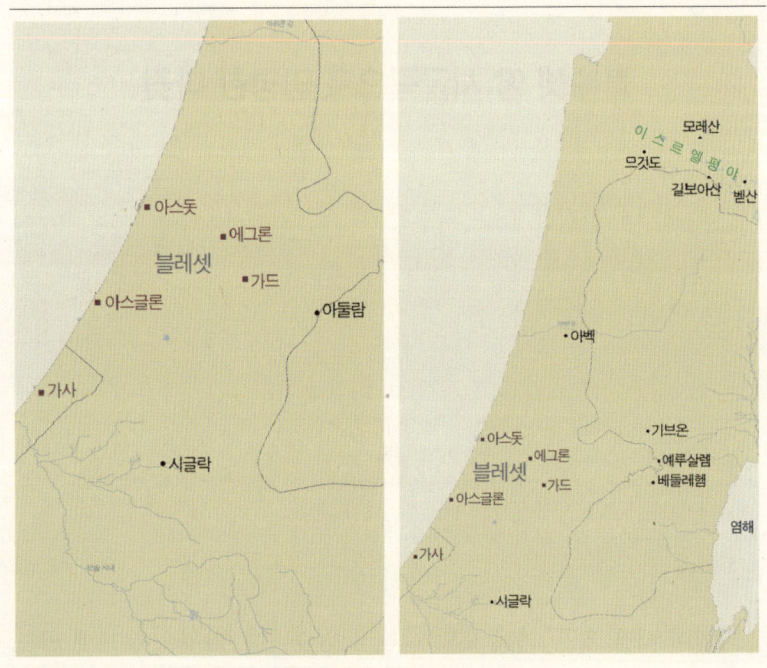

좌측 : 블레셋 다섯 성읍과 시글락   우측 : 아벡과 이스르엘 평원

다윗은 자신의 신분이 드러난 것을 알고 기지를 발휘하여 그들 앞에서 미친 체하고 대문짝에 그적거리며 침을 수염에 흘려 위기를 모면했습니다. 이것은 다윗이 사울을 피해 처음 도망다닐 때 일입니다. 도망 초기 때 다윗에게 이런 일이 있었습니다.

그런데 다윗이 다시 그 블레셋 땅으로 들어가기로 결정합니다. 그의 절박함이 느껴지는 결정입니다. 다윗이 블레셋으로 피난 갔다는 것을 안 사울은, 그제서야 다윗 쫓기를 그칩니다. 다윗은 자신과 함께 있는 사람 600명과 더불어 가드 왕 마옥의 아들 아기스에게로 건너가 망명했습니다.

망명지 시글락에서 생긴 일

성경을 읽다 보면 왕이 많이 등장합니다. 우리는 왕이라고 하면 그래도 그 나라가 어느 정도 규모가 될 것으로 생각합니다. 그런데 성경에 나오는 왕들의 경우는 마을 몇 개를 다스리는 경우도 있습니다. 블레셋만 해도 왕이 다섯입니다. 블레셋 안에 도시가 다섯 개 있습니다. 가드도 블레셋 도시 가운데 하나입니다. 지도에서 블레셋 도시 이름들을 확인해 보십시오.

다윗은 가드 왕 아기스에게 지방 성읍 가운데 한 곳을 달라고 사정합니다. 이런 어처구니 없는 제안에 아기스는 그날 시글락을 다윗에게 줍니다. 하나님이 하신 일입니다. 다윗은 이곳에서 1년 4개월을 살았습니다. 이곳은 다윗의 마지막 피난지입니다. 여기서 사울이 죽었다는 소식을 듣습니다.

시글락에 있는 동안 다윗은 그술 사람과 기르스 사람과 아말렉 사람을 쳤습니다. 그러나 아기스가 누굴 쳤느냐고 물으면, 유다 네겝과 여라무엘 사람의 네겝과 겐 사람의 네겝이라고 둘러댔습니다. 다윗은 자신이 이스라엘의 왕이 될 것을 믿었기에, 아무리 어려운 상황에서도 자기 동족을 치는 일은 삼갔습니다. 그런데 아기스에게는 자기 동족을 쳤다고 둘러댔습니다. 이 말을 들은 아기스는 다윗을 믿었습니다. 그는 다윗이 자기 백성 이스라엘에게 심히 미움을 받게 되었으므로 영원히 자신의 부하가 될 것이라고 생각했습니다.

이러지도 저러지도 못하는 어려운 처지, 곤란

이런 상황에 블레셋 사람들이 이스라엘과 싸우려고 군대를 모집했습니다. 아기스가 다윗에게 "너는 나와 함께 나가서 군대에 참가할 것이니라 그러면 내가 너를 영원히 내 머리 지키는 자를 삼으리라" 했습니다. 다윗이 난감한 상황에 몰렸습니다.

결전의 날이 왔습니다. 이스라엘과 블레셋 간에 전쟁이 시작되었습니다. 블레셋은 수넴에 진을 치고 사울 왕의 휘하에 있는 이스라엘은 길보아 산에 진을 칩니다. 다윗과 그의 사람들은 블레셋 군대의 일원이 되어 이스라엘을 치러 갑니다. 장차 이스라엘의 왕이 되어야 할 다윗입니다. 그런 다윗이 블레셋 편이 되어 자기 조국 이스라엘과 전쟁을 하면, 왕이 되는데 치명적인 결격 사항입니다. 그렇지만 상황은 점점 그렇게 전개되고 있습니다. 그 내용은 사무엘상 29장에 잘 정리되어 있습니다.

이스라엘과 전쟁을 하기 위해 블레셋 군사들과 함께 가는 다윗의 심정은 무척 복잡했을 것입니다. 가던 길에 갑자기 블레셋 방백들이 "이 히브리 사람들이 무엇을 하려느냐" 삼상 29:3 하며 다윗이 전쟁에 참여하는 것에 대해 아기스에게 이의를 제기합니다. 다윗에게 망명을 허락하고 한 성읍까지 떼어 준 아기스 왕이 나서서 다윗을 변호하며 방백들을 설득해 보지만 허사였습니다. 블레셋 사람의 방백들이 화를 내며 아기스에게 강력하게 다윗과 그의 군사들을 돌려 보낼 것을 요구합니다.

"4 이 사람을 돌려보내어 왕이 그에게 정하신 그 처소로 가게 하소서 그는 우리와 함께 싸움에 내려가지 못하리니 그가 전장에서 우리의 대적이 될까 하나이다 그가 무엇으로 그 주와 다시 화합하리이까 이 사람들의 머리로 하지 아니하겠나이까 5 그들이 춤추며 노래하여 이르되 사울이 죽인 자는 천천이요 다윗은 만만이로다 하던 그 다윗이 아니니이까." 삼상 29:4-5

아기스는 다윗을 불러 회군하라고 합니다.

"6 내 생각에는 네가 좋으나 수령들이 너를 좋아하지 아니하니 7 그러므로 너는 평안히 돌아가서 블레셋 사람들의 수령들에게 거슬러 보이게 하지 말라." 삼상 29:6-7

다윗은 아기스에게 항의하는 시늉만 합니다.

"내가 무엇을 하였나이까 내가 당신 앞에 오늘까지 있는 동안에 당신이 종에게서 무엇을 보셨기에 내가 가서 내 주 왕의 원수와 싸우지

못하게 하시나이까."삼상 29:8

하지만 해가 밝는 대로 떠나라는 아기스에 말에 다윗은 못 이기는 척하면서 회군했습니다. 다윗은 자기 사람들과 더불어 아침에 일찍이 일어나서 떠나 시글락으로 돌아가고 블레셋 사람들은 이스라엘과 전쟁을 하기 위해 이스르엘 평원으로 올라갔습니다.

고마운 블레셋 방백들의 시비

블레셋의 방백들이 다윗이 전쟁에 참여하는 것을 못마땅하게 여기고 이의를 제기한 것은 다윗에게는 큰 은혜입니다. 만약 여기서 다윗이 그대로 나가 동족인 이스라엘과 싸웠다면, 그는 이스라엘의 왕이 되지 못했을 것입니다. 이 블레셋과의 전쟁에서 사울이 죽자 헤브론 장로들이 다윗을 옹위하여 헤브론에서 왕으로 삼았습니다. 그렇다고 전쟁에 참여하라는 아기스의 명을 거절하면 당장 거처할 망명지를 잃게 됩니다. 이런 경우를 두고 진퇴양난이라고 합니다.

때로 우리 삶에도 위기를 만났을 때, '블레셋 방백'이 등장합니다. 블레셋 방백이 시비를 걸어 줍니다. 계약을 하려고 하는데, 갑자기 나타난 건물주의 아내가 계약하지 않겠다고 고집을 부리는 경우도 있습니다. 집주인이 변심을 해서 하겠다던 계약을 하지 않겠다고 하기도 합니다. 임대 담당자가 세를 올려 주지 않으려면 원상 복구하고 석달 안에 나가라는 내용 증명을 보내기도 합니다. 블레셋 방백이 나타나 조금 더 버티면 더 높은 값을 받을 수 있다고 부추기기도 합니다. 그래서 계약을 못합니다. 나중에, 훗날, 뒤돌아 보면 그때 그 블레셋 방백이 얼마나 고맙게 느껴지는지 모르는 일이 종종 있습니다.

무조건 계약은 성사되어야 하고, 일은 진행되어야 한다고 생각하지 말아야 합니다. 하나님께서 우리를 위해, 마치 다윗을 위해 블레셋 방백을 격동시키신 것처럼 블레셋 방백이 우리 길을 막아서도록 두실 때가 있습니다. 우리 인생 앞에 갑자기 블레셋 방백이 나타나거든, 감사한 마음으로 깊은 감사를 해야 합니다. 그것이 블레셋 방백 시비로 위장된 하나님의 보호일 수도 있습니다.

브솔 시내를 향하여

위기, 특기인 '묻기'로 모면하다

다윗과 그의 사람들이 사흘 만에 시글락에 도착했습니다. 아말렉 군대가 이 틈을 타고 쳐들어와 시글락을 불사르고 다윗과 그의 사람들의 아내와 자녀들을 모두 사로잡아 갔습니다. 이 처참한 상황 앞에서 다윗과 그의 사람들은 울 기력이 없도록 소리내어 울었습니다. 이럴 때는 누구에게라도 원망을 쏟아 놓게 됩니다. 사람들의 분노는 다윗으로 향했고, 다윗을 돌로 치자고 선동하는 사람도 나왔습니다. 자신도 두 아내가 잡혀간 입장이지만, 다윗은 당장 이 상황부터 모면해야 합니다. 성경은 이때 이 상황을 다윗이 어떻게 극복했는지 알려줍니다.

"다윗이 크게 다급하였으나 그의 하나님 여호와를 힘입고 용기를 얻었더라."삼상 30:6

다윗은 아비아달 제사장에게 에봇을 가져오라고 했습니다. 아비아달은 놉에서 제사장 가족 85명이 사울에 의해 몰살당하는 중에 유일하게 살아 다윗에게로 피해 온 제사장입니다. 그가 올 때 에봇을 가지고 왔습니다. 여기서 다윗은 자신의 특기를 발휘합니다. 에봇 앞에서 여호와께 "내가 이 군대를 추격하면 따라잡겠나이까"삼상 30:8 물었습니다. 하나님께서 "그를 쫓아가라 네가 반드시 따라잡고 도로 찾으리라"삼상 30:8 대답해 주셨습니다. 물으면 대답해 주시는 하나님입니다.

이에 다윗과 그와 함께한 600명이 일어나 아말렉을 추격했습니다. 이들이 브솔 시내에 도착했습니다. 브솔 시내는 시글락에서 직선거리로 약 25km정도 떨어진 곳에 있습니다. 자동차로 가면 44km가 나옵니다. 브솔 시내에서 600명 중에 200명이 지쳐 쓰러졌습니다. 그도 그럴 것이 지금 전쟁에 나가다 중간에 회군을 했습니다. 3일이나 걸려 겨우 시글락에 도착한 상태입니다. 마라톤 선수가 힘을 다해 마라톤 완주를 했는데, 지금부터 다시 42.195km를 뛰어야 한다고 가정해 보십시요. 다윗은 지친 200명을 브솔 시내에서 머물게 하고 400명을 거느리고 아말렉 군대를 쫓아갔습니다.

시험지는 달라도 시험은 계속된다

다윗의 군대가 아말렉 군대를 추격하던 중에 들에서 애굽 사람 하나를 만났습니다. 다윗의 사람들이 그를 다윗에게로 데려갔습니다. 엔게디에서는 굴 속으로 사울이 제 발로 오더니, 이번에는 굶주린 애굽 소년 하나가 다윗 앞에 나타났습니다. 우연일까요? 그렇지 않습니다. 다윗은 그에게 떡을 주어 먹게 하며 물을 마시게 하고 그에게 무화과 뭉치에서 뗀 덩이 하나와 건포도 두 송이를 주었습니다. 그가 밤낮 사흘 동안 떡도 먹지 못하였고 물도 마시지 못하고 사경을 헤매던 중에 다윗의 군대를 만난 것입니다. 그가 먹고 정신을 차리매 다윗이 그에게 물었습니다.

"너는 누구에게 속하였으며 어디에서 왔느냐." 삼상 30:13

그가 대답했습니다.

"13 나는 애굽 소년이요 아말렉 사람의 종이더니 사흘 전에 병이 들매 주인이 나를 버렸나이다 14 우리가 그렛 사람의 남방과 유다에 속한 지방과 갈렙 남방을 침노하고 시글락을 불살랐나이다." 삼상 30:13-14

다윗이 그에게 제안했습니다.

"네가 나를 그 군대로 인도하겠느냐." 삼상 30:15

그는 자신을 살려 준다면 그렇게 하겠다고 했습니다.

"당신이 나를 죽이지도 아니하고 내 주인의 수중에 넘기지도 아니하겠다고 하나님의 이름으로 내게 맹세하소서 그리하면 내가 당신을 그 군대로 인도하리이다." 삼상 30:15

그의 인도를 받아 다윗의 군대는 아말렉을 추격했습니다. 블레셋 사람들의 땅과 유다 땅에서 크게 약탈하였음으로 말미암아 먹고 마시며 춤추던 아말렉 군대를 다윗이 새벽부터 이튿날 저물 때까지 쳤습니다. 낙타를 타고 도망한 소년 400명 외에는 피한 사람이 없었습니다. 다윗이 아말렉 사람들이 빼앗아 갔던 모든 것을 도로 찾고 그의 두 아내를 구원하였습니다. 그들이 약탈하였던 것 곧 무리의 자녀들이나 빼앗겼던 것은 크고 작은 것을 막론하고 아무것도 잃은 것이 없이 모두 다윗이 도로 찾아왔습니다. 이것을 사람들은 다윗의 전리품이라고 했습니다.

병든 사람을 버린 아말렉 군대와 그를 긍휼히 여긴 다윗의 군대가 함께 등장합니다. 우리가 잠시 멈춰 서서 생각해야 할 대목입니다.

시험 잘 보는 재주일까, 실력일까

다윗과 그의 군대가 전리품을 들고 브솔 시내에 이르렀습니다. 다윗이 전에 피곤하여 능히 자기를 따르지 못하므로 브솔 시내에 머물게 한 200명이 다윗과 그와 함께 한 백성을 영접하러 나왔습니다. 다윗과 함께 아말렉을 치러 갔던 자들 가운데 악한 자와 불량배들이 있었다고 성경은 기록하고 있습니다. 그들이 다윗에게 브솔 시내에 남은 200명에게는 전리품을 주지 말자고 했습니다.

"우리와 함께 가지 아니하였은즉 우리가 도로 찾은 물건은 무엇이든지 그들에게 주지 말고 각자의 처자만 데리고 떠나가게 하라."

삼상 30:22

다윗은 그들에게 단호하게 말했습니다.

"나의 형제들아 여호와께서 우리를 보호하시고 우리를 치러 온 그 군대를 우리 손에 넘기셨은즉 그가 우리에게 주신 것을 너희가 이같이 못하리라. 이 일에 누가 너희에게 듣겠느냐. 전장에 내려갔던 자의 분깃이나 소유물 곁에 머물렀던 자의 분깃이 동일할지니 같이 분배할 것이니라." 삼상 30:23

다윗은 이것으로 이스라엘의 율례와 규례를 삼았습니다. 성경은 이 율례와 규례가 오늘까지 이르렀다고 기록하고 있습니다.

"그 날부터 다윗이 이것으로 이스라엘의 율례와 규례를 삼았더니 오늘까지 이르니라." 삼상 30:25

오늘까지에서 오늘이 언제일까요? 문자적으로는 사무엘서가 기록되던 당시까지 입니다. 그러나 이것은 오늘, 이 글을 쓰고 있는 2015년 2월 11일까지 이르고 있습니다.

브솔시내교회

전리품을 함께 나누는 교회

우리 교회가 갖고 있는 소중한 가치 중에 하나가 '진을 지킨 자나 전장에 나간 자가 전리품을 함께 나눈다'는 것입니다. 브솔시내교회에서 배운 것입니다. 여름에 전도 여행을 간 사람이나 그 기간에 교회와 가정을 지킨 사람이 전도 여행의 상급을 함께 나눕니다. 구제를 할 때도, 전도를 할 때도, 선교를 할 때도 우리는 이 원칙을 적용합니다.

이것을 적용하기 때문에, 이번에는 내가 교회의 대표가 되어 재난 구호 현장에서 온 교회 모든 성도들이 받을 상을 쌓고, 다음에는 나는 교회에 남아 진을 지키고 우리 중에 또 누군가가 대표가 되어 집수리 봉사를 하러 가서 온 교회 모든 성도들이 받을 상을 쌓을 것입니다.

그러다 보니, 진을 지킨 자나 전장에 나간 자가 서로에게 격려가 됩니다. 단기 선교를 다녀온 사람은 나의 전리품을 위해 해외 단기 선교를 다녀온 사람입니다. 하나님은 단기 선교의 상을 단기 선교 현장에 나간 성도나 진을 지킨 성도에게 같이 주실 것입니다. 그런 그를 시기하거나 질투할 이유가 없습니다. 브솔시내교회 성도는 전장에 나갔다고 으스대지 않습니다. 진을 지켰다고 주눅 들지 않습니다. 단기 선교를 갔다 왔다고 으스대지 않습니다. 단기 선교를 가지 못했다고 주눅 들지 않습니다. 모두 필요합니다. 전장에 나가는 자도 있어야 하고 진을 지키는 자도 있어야 합니다.

공적 다툼 없는 교회

브솔시내교회에서 배운 교회는 공적 다툼을 하지 않아야 합니다. 자신의 공로를 주장하지도, 다른 사람의 공로를 시기하지도 않습니다. 어떻게 전교인이 전도 여행을 가고 어떻게 전교인이 '명절 맞이 사랑 나누기' 행사에 참석하겠습니까? 우리는 항상 전장에 나가고, 항상 진을 지키는 것은 아닙니다. 진을 지킬 때가 있고 전장에 나갈 때가 있습니다. 진을 지키는 자와 전장에 나가는 자가 모두 소중합니다. 어느 경우에라도 전리품은 전장에 나간 자와 진을 지킨 자가 함께 나눕니다.

성경지리연수 때 브솔 시내에 가보고 싶었습니다. 가서 보고 카메라에 담아왔습니다. 브솔 시내 사진입니다. 모래 바람이 많이 불었습니다. 사진에도 모래 바람이 보일 것입니다.

브솔 시내 샘 근원이 있습니다.
먼저 그곳으로 갑니다.

브솔 시내

8

기랏여아림

기브온 사람들은 자신들에게 주어진 일을 했습니다. 그들은 그 일에 불평하지 않았습니다. 원망하지도 않았습니다. 말 없이 했습니다. 그런 그들에게 하나님은 300여 년이 지난 후에는 언약궤를 메어 가는 일을 맡기셨고, 언약궤를 그들의 성읍에 머물게 하셨습니다. 특별한 은혜입니다. 언약궤는 제사장이 메어야 합니다. 성경에 언약궤를 메어 간 기럇여아림 사람들이 제사장이었다는 기록은 없습니다. 그저 기럇여아림 사람이라고만 나와 있습니다. 언약궤가 있었던 아비나답의 집이나 그의 아들 엘리아살이 제사장이었다는 것도 찾을 수 없습니다. 이것은 기럇여아림 사람들에게는 큰 영광입니다.

기브온 사람들

　기브온 사람들이 성경에 처음 등장하는 것은 이스라엘 백성들이 가나안을 정복할 때입니다. 이스라엘이 가나안을 정복하기 전부터 가나안 땅에 살았던 기브온 사람들은 여호수아와 이스라엘 백성들이 여리고와 아이에 행한 일을 듣고 겁이 났습니다. 그들은 꾀를 내어 사신의 모양을 꾸밉니다. 해어진 전대와 찢어져 기운 가죽 포도주 부대를 나귀에 싣고 그 발에는 낡아 기운 신을 신고 낡은 옷을 입고 다 마르고 곰팡이 난 떡을 준비해서 길갈에 진 치고 있는 여호수아를 찾아 갑니다. 그리고 "우리는 먼 나라에서 왔나이다 이제 우리와 조약을 맺읍시다"수9:6라고 말했습니다. 이스라엘 사람들이 의구심을 품자, 그들은 여호수아에게 '우리는 당신의 종'이라고 하면서 사정을 합니다.

이스라엘과 기브온이 화친 조약을 맺다

여호수아와 이스라엘 사람들은 이 일을 어떻게 처리할지를 하나님께 묻지 않고 결정합니다. 여리고 성과 아이 성을 점령한 흥분이 덜 가신 것 같습니다. 여호수아와 이스라엘 백성들은 기브온 사람들의 양식을 취하고 그들과 화친하여 그들을 살리리라는 조약을 맺고 회중 족장들이 그들에게 맹세했습니다. 이스라엘 백성들이 그들과 언약을 맺은 지 3일만에 그들이 가까운 거리에 있는 사람들인 걸 알았습니다. 3일 후에 이스라엘은 기브온 사람들의 여러 성읍에 이르렀습니다.

그러나 회중 족장들이 이스라엘의 하나님 여호와로 그들에게 맹세했기 때문에, 이스라엘 자손들이 그들을 치지 못했습니다. 회중이 모두 족장들을 원망했습니다. 이렇게 되면 거짓말에 근거해 맺은 조약이니 파기해도 될 것 같은데, 이스라엘 모든 족장들은 그것보다 이스라엘의 하나님 여호와의 이름으로 그들에게 맹세한 것을 더 중시해서 그들을 건드리지 못하게 합니다. 자신들이 하나님께 묻지 않은 것에 대한 잘못을 인정하고, 그것은 자신들의 잘못으로 돌리고, 하나님의 이름으로 그들에게 한 약속을 지켜 그들을 살립니다. 여호수아가 그들을 불러다가 자신들을 속인 것을 꾸짖고 "너희가 저주를 받나니 너희가 대를 이어 종이 되어 다 내 하나님의 집을 위하여 나무를 패며 물을 긷는 자가 되리라"수 9:23고 했습니다. 그들은 그 후 여호와께서 택하신 곳에서 회중을 위하며 여호와의 제단을 위하여 나무를 패며 물을 긷는 자로 살았습니다.

기럇여아림은 기브온 성읍 중의 하나다

기브온 성읍은 기브온과 그비라와 브에롯과 기럇여아림입니다. 여기서 주목할 성읍은 기럇여아림입니다. '기럇'의 의미는 성읍입니다. 기럇여아림은 여아림 성읍이란 말입니다. 성경을 읽다 기럇 아르바처럼 기럇이 앞에 붙은 지명이 나오면 '아, 기럇이 성읍이란 뜻이구나' 하면 됩니다. 기럇과 지명을 붙여써도 되고 띄어 써도 됩니다. 개역개정성경에도 어떤 곳에서는 붙였고, 어떤 곳에서는 띄었습니다. 기럇여아림은 성경에 바알레유다삼하 6:2, 기럇수 18:28, 기럇 바알수 15:60로 표현되기도 했습니다. 기럇여아림의 다른 이름이라고 생각하시면 됩니다. 기럇여아림 위치는 지도에서 확인해 보십시오.

기브온과 기럇여아림

300년 만에 기럇여아림 사람들을
다시 등장 시킨 사건

세월이 흐릅니다. 여호수아가 가나안 땅을 점령하고 그 뒤로 사사 시대가 시작됩니다. 마지막 사사가 사무엘입니다. 사무엘 전 사사가 엘리입니다. 엘리가 제사장이던 시절이니, 기브온 성읍 사람들이 성막에서 나무 패고 물 긷는 일을 맡은지도 어언 300여 년이 흘렀습니다. 그때 기럇여아림 사람들이 다시 성경에 등장합니다. 이들의 등장을 소개하기 전에, 이들이 등장하게 되는 배경 설명을 먼저 해야 할 것 같습니다.

빼앗긴 언약궤

엘리 사사의 두 아들 홉니와 비느하스가 블레셋과 전쟁 중에 위기에 처했습니다. 이들이 성막 안에 있는 언약궤를 전쟁터로 가져오게 합니다. 언약궤의 자리는 성막 안 지성소입니다. 그런데 위기에 처하자 홉니와 비느하스가 그 언약궤를 전쟁터로 가져오라고 합니다. 홉니와 비느하스는 지난날 언약궤가 했던 일들을 알고 있었습니다. 이스라엘 백성들이 가나안 땅에 들어올 때 언약궤를 멘 제사장들이 요단 강 물을 밟자 흐르던 요단 강 물이 멈춰섰습니다. 이스라엘 백성들이 요단 강을 마른 땅처럼 건넜습니다. 이런 역사를 기대하고 언약궤를 전쟁터로 가져오라고 했습니다. 언약궤가 기적을 일으켜 전쟁을 승리로 이끌어 줄 것을 기대했습니다. 제사장이긴 하나, 평소 언약궤나 제사에 대해

별로 관심이 없었던 홉니와 비느하스입니다. 그런 그들이 위기를 만나자 언약궤를 이용해 그 전쟁에서 이겨 보려고 했는데, 애석하게도 언약궤는 블레셋에 뺏기고 홉니와 비느하스는 그 전쟁에서 죽습니다.

이스라엘 신을 잡아간 줄 알았던 블레셋 사람들

언약궤를 빼앗은 블레셋 사람들은 신이 나서 그것을 자기들 땅으로 가져갑니다. 이 언약궤로 말미암아 블레셋에 어떤 일이 일어났는지, 사무엘상 5장과 6장은 잘 설명해 줍니다. 요약 정리해 드립니다.

블레셋 사람들은 아스돗에 이르러 언약궤를 가져다 그들이 섬기는 다곤 신전에 둡니다. 자신들이 섬기는 신에게 이스라엘 신을 잡아 왔으니 잘 부려먹으라고 인심이나 쓰듯이 자기들 신전에 가져다 놓았습니다. 그런데 이게 웬일입니까. 아침에 일어나 보니 다곤이 여호와의 궤 앞에서 엎드러져 그 얼굴이 땅에 닿아 있는 것입니다. 그들이 다곤을 다시 일으켜 세웠지만, 그 다음 날엔 다곤이 여호와의 궤 앞에서 엎드러져 얼굴은 땅에 닿았고, 그 머리와 두 손목은 끊어져 문지방에 있고 다곤의 몸둥이만 남아 있는 것입니다. 그뿐 아닙니다. 여호와의 손이 독종의 재앙으로 아스돗과 그 지경을 쳐서 망하게 했습니다. 아스돗 사람들이 이를 보고 "이스라엘 신의 궤를 우리와 함께 있지 못하게 할지라. 그의 손이 우리와 우리 신 다곤을 친다"삼상 5:7고 하고 하나님의 궤를 가드로 옮깁니다.

그랬더니 이번에는 여호와의 손이 심히 큰 환난을 그 성에 더하셔서, 성읍 사람의 작은 자와 큰 자를 다 쳐서 독종이 나게 하셨습니다. 가드 사람들이 여호와의 궤를 감당치 못하고 하나님의 궤를 에그론으로 보냅니다. 하나님의 궤가 에그론에 이르자 에그론 사람들이 "이스라엘 신의 궤를 우리에게로 가져다가 우리와 우리 백성을 죽이려 한다"삼상 5:10며 울부짖습니다. 블레셋에 비상이 걸렸습니다. 블레셋 모든 방백이 모여 연석회의를 합니다. 회의 결과는 "이스라엘 신의 궤를 보내어 그 있던 곳으로 돌아가게 하고 우리와 우리 백성의 죽임 당함을 면케 하자"삼상 5:11는 것으로 결론이 났습니다.

언약궤를 실은 수레, 벧세메스로 향하다

언약궤가 블레셋에 머문지 일곱 달만에 블레셋 방백들은 언약궤를 벧세메스로 보내기로 결정합니다. 벧세메스는 이스라엘 지경입니다. 블레셋 사람들이 젖 나는 소 둘을 끌어다가 수레를 메우고 여호와의 궤를 실어 보냅니다. 우리가 익히 잘 아는 '벧세메스로 가는 암소'가 바로 이 암소입니다. 암소가 벧세메스 길로 바로 행하여 대로로 가며 갈 때에 울고 좌우로 치우치지 않았고, 블레셋 방백들은 벧세메스 경계까지 따라 갔습니다.

여호와의 궤가 벧세메스에 도착했을 때 벧세메스 사람들이 언약궤를 들여다 본 일로 많은 사람이 죽습니다. 벧세메스 사람들이 "이 거룩하신 하나님 여호와 앞에 누가 능히 서리요 그를 우리에게서 누구에게로 가시게 할꼬"삼상 6:20하고, 사신을 기럇여아림 사람들에게 보내 "블레셋 사람들이 여호와의 궤를 도로 가져왔으니 너희는 내려와서 그것을 너희에게로 옮겨 가라"삼상 6:21고 합니다.

드디어 앞에서 우리가 주목했던 기브온 성읍 중에 하나인 기럇여아림, 기럇여아림 사람들이 등장합니다.

언약궤로 고민할 때 생각난 사람들

벧세메스 사람들이 언약궤 처리를 고민할 때, 그들은 오래 고민하지 않고 기럇여아림 사람들을 떠올렸고, 그들에게 사자를 보내, 와서 언약궤를 메어가라고 했습니다. 기럇여아림 사람들이라고 언약궤 소문을 못들었을 리는 없습니다. 언약궤가 가는 곳마다 어떤 일이 있었는지를 모르지는 않았을 것입니다. 하지만 기럇여아림 사람들은 벧세메스 사람들이 언약궤를 메어가라고 할 때, 마땅히 자신들이 해야할 일이라고 생각했는지, 한 마디 이의도 없이 가서 언약궤를 메어왔습니다. 벧세메스가 속한 유다 지파 사람들을 포함해 이스라엘 어느 지파도 이것에 대해 이의를 달지 않았습니다. 다들 당연한 것으로 받아들였습니다. 당시 이스라엘 사람들 생각 속에는 언약궤하면 기럇여아림 사람들을 생각했던 것 같습니다.

기럇여아림 사람들이 와서 언약궤를 옮겨 자신들의 경내에 있는 아비나답의 집에 들여 놓고 그 아들 엘리아살을 거룩하게 구별하여 여호와의 궤를 지키게 합니다. 여호와의 궤가 기럇여아림에 들어간 날부터 20년 동안 있었다고 사무엘상 7장 2절에는 기록되어 있습니다.

나무 패고 물 길은지 300년 만에, 기브온 족속의 땅 중에 하나인 기럇여아림 땅에 사는 사람들의 위상이 이렇게 바뀌었습니다. 언약궤가 갈 곳을 찾지 못할 때, 언약궤 문제로 이스라엘이 곤란을 겪을 때 기럇여아림은 그 문제의 해결지, 기럇여아림 사람들은 그 문제의 해결자로 이스라엘 사람들이 바로 지목할 정도가 되었습니다. 이방인이 언약궤를 메어 가고, 언약궤를 모시는 사람이 되었습니다.

사람들이 볼 때 누구나 할 수 있는 나무 패고 물 긷는 일, 그 일에 충성했을 뿐인데, 어느 날 하나님께서 언약궤를 기럇여아림으로 보내셨습니다. 기럇여아림 사람들이 빼앗아 온 것도 아닙니다. 블레셋이 보냈고, 벧세메스 사람들이 보냈습니다. 하나님께서 언약궤를 기럇여아림으로 몰아가시고, 언약궤를 기럇여아림 사람들에게 맡기셨습니다.

사진으로 보는 기럇여아림

사진으로 함께 봅니다.

① 기럇여아림 이정표를 따라 언약궤가 오랫동안 머물렀던 기럇여아림을 다녀왔습니다.

② 언약궤가 있었던 기럇여아림 아비나답의 집은 산봉우리에 있었습니다.

③ 사진에 보이는 저 앞산 위가 언약궤가 머물렀던 기럇여아림의 아비나답의 집이 있었던 곳입니다. 지금은 그 자리에 기념교회가 자리잡고 있습니다. 기념교회당이 있는 저 곳이 언약궤가 있었던 아비나답

의 집터입니다.

④ 가까이 왔습니다. 아비나답의 집터로 올라가는데 문이 닫혀있습니다. 인터폰으로 연락을 하자 문을 열어 주었습니다.

⑤ 기념교회당 앞에 있는 안내문입니다.

⑤

기럇여아림교회

기럇여아림에서 교회를 배웁니다. 교회는 어떠해야 하는지, 목회는 어떻게 해야 하는지, 그리스도인으로 우리는 어떻게 살아야 하는지를 배웁니다. 기럇여아림교회를 생각합니다.

성실한 교회

기럇여아림 사람들에게 주어진 일은 나무 패고 물 긷는 일입니다. 이 일은 하찮은 일, 귀찮은 일, 힘든 일로 분류되기 쉽습니다. 오늘로 하면 3D 업종으로 분류될 수 있는 일입니다. 그들은 자신들이 원해서 이 일을 한 것이 아닙니다. 죽지 않고 살기 위해 한 일입니다. 그야말로 어쩔 수 없이 하게 된 일입니다. 사람들의 축복을 받으며 시작한 일도 아닙니다. 여호수아로부터 저주를 받으며 시작한 일입니다. 기럇여아림이 속한 기브온 사람들은 원래 이런 일을 하던 사람들은 아닙니다. 기브온과 지근거리에 있었던 예루살렘 왕이 크게 두려워할 정도로 기브온은 크고 사람들은 강했습니다. 성경은 기브온을 예루살렘 왕의 입을 빌려 "왕도와 같은 큰 성임이요 아이보다 크고 그 사람들은 다 강함이라"수 10:2고 일러줍니다. 그러던 그들이 하루 아침에 나무 패고 물 긷는 자가 되었습니다. 그럼에도 그들은 이 일을 말없이 성실하게 했습니다. 300여 년이 지난 후에는, 이스라엘 사람들이 언약궤 처리로 고민할 때 바로 생각난 사람들이 되었습니다.

충성된 교회

기브온 사람들은 자신들에게 주어진 일을 했습니다. 그들은 그 일에 불평하지 않았습니다. 원망하지도 않았습니다. 말 없이 했습니다. 그런 그들에게 하나님은 300여 년이 지난 후에는 언약궤를 메어 가는 일을 맡기셨고, 언약궤를 그들의 성읍에 머물게 하셨습니다. 특별한 은혜입니다. 언약궤는 제사장이 메어야 합니다. 성경에 언약궤를 메어 간 기럇여아림 사람들이 제사장이었다는 기록은 없습니다. 그저 기럇여아림 사람이라고만 나와 있습니다. 언약궤가 있었던 아비나답의 집이나 그의 아들 엘리아살이 제사장이었다는 것도 찾을 수 없습니다. 이것은 기럇여아림 사람들에게는 큰 영광입니다.

　하나님께서 기럇여아림 사람들을 영광스럽고 존귀하게 하셨습니다. 그럼에도 불구하고 기럇여아림 사람들은 성막을 위하여 나무 패며 물 길을 때나 언약궤를 메고 올라갈 때나 여전했습니다. 그들은 언약궤를 메게 되었다고 자랑하며 수선을 피우지 않았습니다. 그저 여전히 주어진 일, 맡겨진 일을 했습니다. 하나님은 그들에게 나무 패며 물 긷는 일도 맡기시고, 언약궤를 메어 오는 일도 맡기셨습니다. 어떤 일을 맡기시든, 나무 패며 물 긷는 일이든, 언약궤를 메어오는 일이든 하나님이 주신 일이면, 직접 주셨든 사람을 통해 주셨든 모두 귀합니다. 하나님이 주신 일이면 살기 위해 하는 일이든, 좋아서 하는 일이든, 머리로 하는 일이든, 손으로 하는 일이든 모두 귀합니다. 눈과 귀가 역할이 다를 뿐이지 모두 귀한 것처럼 기럇여아림교회는 서로와 서로의 일을 귀하게 여깁니다. 그들은 이제 나무 패고 물 긷던 하찮은 일에서 언약궤 메어 오는 귀한 일을 하게 되었다고 뽐내지 않았습니다. 그들에게 이 일들은 모두 맡겨진 일입니다. 이런 면에서 그들에게는 물을 길어 메어 오는 일이나 언약궤를 메어 오는 일이 같았습니다. 여호수아를 통해 주어진 일도, 벧세메스 사람들을 통해 주어진 일도 모두 하나님이 맡기신 일로 받아들였습니다.

　기럇여아림교회는 일 자체로 천하다 귀하다 나누지 않습니다. 하나님이 맡기신 일은 모두 귀하게 여기고, 사명으로 여깁니다. 기럇여아림교회 성도들은 사람마다 하나님이 맡기신 일이 다르고, 사명이 다를 뿐이지 그가 하는 일은 모두 귀하게 여깁니다.

성숙한 교회

사람들이 보기에 보잘 것 없고 하찮은 것 같은 나무 패며 물 긷는 일이지만, 하나님은 그 일을 성심을 다해 감당한 기브온 족속의 성읍에 언약궤와 성막을 두셨습니다. 기럇여아림에는 언약궤를, 기브온에는 성막을. 나무 패며 물 긷던 자가 언약궤를 메게 될 때, 이것을 출세라고 생각할 수 있습니다. 현장에서 일하던 사람이 사무실에서 일하게 되면 이것도 출세라고 생각할 수 있습니다. 결정을 실행하던 사람이 결정을 하는 사람이 되면 이것도 출세라고 생각할 수 있습니다.

우리는 모두 이렇게 생각하는 과정을 거칩니다. 이 과정을 지금 거치고 있는 사람도 있고, 이미 거친 사람도 있을 뿐이지 모두가 이 과정을 거칩니다. 우리에게도 이런 생각으로 나무 패고 물 긷던 시절이 있습니다. 그러다 언약궤를 메게 되면 나에게도 나무 패며 물 긷던 시절이 있었다고 간증하기도 했습니다. 이런 생각으로 나무 패고 물 길으면, 온통 마음은 언약궤 메는 데 가 있습니다. 나무 패고 물 긷는 일은 다만 언약궤를 메는 일로 가는 수단이요 과정일 뿐이라고 생각합니다. 그러다 다른 사람이 언약궤를 메면 분을 내며 나무 패던 도끼와 물 긷던 항아리를 팽개칠지도 모릅니다. 이런 사람은 언약궤를 메지 못한 채로, 평생 나무 패고 물 긷다 생을 마치면, 실패했다고 생각합니다. 평생을 나무 패며 물 긷다 결국 실패자로 죽습니다. 과연 그렇습니까? 예수 믿으면 현장직이 모두 사무직이 되고, 직원이 모두 사장됩니까? 예수를 믿으면 나무 패고 물 긷는 사람이 모두 언약궤 메는 사람이 됩니까? 예수 믿고 화장실 청소하면 모두 장로 되고 목사 됩니까? 기럇여아림교회는 이것을 넘어선 교회입니다. 평생을 나무 패고 물 긷는 자로 살고도 성공자로 죽는 사람이 기럇여아림교회 교인들입니다. 기럇여아림교회 성도들은 이 수준에 이른 사람들입니다.

기럇여아림교회는 하나님이 맡기신 일이면 성가대로 찬양을 하든, 교사로 학생들을 가르치든, 화장실 청소 봉사를 하든, 장로로 교회 일을 섬기든, 주차 봉사를 하든, 집수리 봉사를 하든, 병원 전도를 하든, 순장으로 순원들을 돌보든, 주일에 설교를 하든, 담임 목사로 성도들을 섬기든, 교구 목사로 교구를 섬기든 다 성심으로 합니다. 자신이 귀한 일을 한다는 자긍심은 있으나 다른 사람의 일을 하찮게 여기는 교만은 없습니다.

모든 민족 모든 족속 교회

우리는 기럇여아림교회를 통해, 이방인을 향한 하나님의 마음을 배웁니다. 일반적으로 구약 시대는 구원이 이스라엘 백성들 중심이었지만, 신약 시대에 이르러 바울을 통해 이방인 선교가 본격화되면서 이방인을 향한 구원의 문이 열린 것으로 생각합니다. 그러나 오늘 우리가 만난 기럇여아림교회는 구약 시대에 이미 하나님께서 이방인들을 향해 구원의 문을 활짝 열어 놓으셨음을 보여 줍니다.

기럇여아림 사람들은 기브온 사람들, 곧 이방인입니다. 기럇여아림 사람들은 여호수아를 통해 저주를 받은 사람들입니다. 저주와 함께 주어진 성막을 위하여 나무 패고 물 긷던 일을 하던 사람들이 살고 있는 기럇여아림에 언약궤가 들어갔습니다. 가럇여아림에 언약궤가 들어가 약 50여 년을 머물렀습니다.[3]

아시다시피, 언약궤는 하나님의 임재의 상징이자 앞으로 오실 예수 그리스도의 그림자입니다. 이런 관점에서 본다면, 이것은 하나님께서 그들 가운데 들어가신 것입니다. 하나님이 그들과 함께 하신 것입니다. 이 일은 구원이 기럇여아림 사람들에게 임했다는 엄숙한 선포입니다. 모든 민족과 모든 족속이, 모든 열방이 주께 돌아올 것이라는 장엄한 선포입니다.

---

[3] 사무엘상 7장 2절에 언약궤가 기럇여아림에 이십 년을 머물렀다고 기록되어 있습니다. 어느 시점을 기준으로 이십 년이라고 했는지를 주목해야 합니다. 이것은 사무엘서를 기록한 시점으로 봐야 합니다. 그럼 그 후의 역사를 감안해서 언약궤가 기럇여아림에 머문 기간을 유추해 보는 것도 필요할 것 같습니다. 엘리의 두 아들 홉니와 비느하스 때 빼앗겼던 언약궤가 블레셋에서 일곱 달 만에 다시 이스라엘로 돌아왔습니다. 다윗이 예루살렘에서 전체 이스라엘의 왕이 되어 기럇여아림에서 언약궤를 찾아갔습니다. 이 사이가 언약궤가 기럇여아림에 머문 기간입니다. 사울이 왕으로 통치한 기간이 사십 년, 여기에 다윗이 유다 지파의 왕이 되어 헤브론에서 다스린 칠 년을 더해야 합니다. 왜냐하면 다윗이 헤브론에서 유다 지파의 왕으로 칠 년을 통치하고 예루살렘으로 올라와 전체 이스라엘의 왕이 되었습니다. 다윗이 언약궤를 찾아온 것은 예루살렘에서 전체 이스라엘의 왕이 된 후입니다. 이 둘만 합쳐도 사십칠 년입니다. 성경에 기록된 이십 년을 사무엘의 사역 기간과 사울의 통치 기간이 겹치는 것을 감안해서 사울의 통치 기간 사십 년에 넣어도, 언약궤가 기럇여아림에 머문 기간은 최소 사십칠 년 이상입니다.

"누구든지 주의 이름을 부르는 자는 구원을 얻으리라." 롬 10:13

기럇여아림에는 기럇여아림 사람들과 그 땅을 분배받은 베냐민 지파 사람들이 함께 살았습니다. 거기 언약궤가 임했습니다. 이방인과 유대인이 함께 한 그곳에 언약궤가 머물렀습니다. 기럇여아림에서 이방인과 이스라엘 사람이 하나 되었습니다. 기럇여아림교회에는 이방인과 이스라엘 사람이 함께 합니다. 기럇여아림교회는 유대인과 이방인이 함께 예배합니다. 유대인과 한인이 함께 예배합니다. 유대인과 외국인이 함께, 유대인과 아랍인이 함께, 자국민과 외국인이 함께 하나님을 예배하는 이 시대의 기럇여아림교회를 우리는 꿈꿉니다.

하나님의 영광이 임한 교회

엘리 제사장의 아들인 비느하스의 아내는 언약궤를 영광이라고 했습니다. 언약궤가 떠난 것을 영광이 이스라엘을 떠난 것이라고 했습니다. 삼상 4:22 그렇다면 언약궤가 임한 것은 영광이 임한 것입니다. 기럇여아림에 영광이 임했습니다. 기럇여아림교회는 하나님의 영광이 임한 교회입니다. 교회에서 영광이 떠나서는 안 됩니다. 교회는 영광입니다. 교회에는 영광이 항상 있어야 합니다. 교회는 영광스러운 우리 주님의 몸입니다.

9

다윗 성

다윗성교회는 회개를 통한 회복이 가능한 교회였습니다. 다윗이 우리아의 아내를 범함으로 모든 것이 끝난 것 같았지만, 회개를 통해 다시 일어났습니다. 하나님을 전적으로 의지하던 때가 있는가 하면, 인구조사를 통해 전쟁에 나갈 군인들의 수를 헤아리고 든든해 하다 7만 명이 죽기도 했습니다. 다윗은 넘어지고 실족했습니다. 그러나 이것으로 끝나지 않았습니다. 다윗성교회는 그대로 주저앉지 않았습니다. 넘어졌던 다윗이 다시 일어났습니다. 다윗성교회 안에는 회개의 역사가 있었습니다. 철저한 회개를 통한 회복의 역사가 다윗성교회 안에 있었습니다. 다윗성교회 안에 용서가 있었기에 가능한 일입니다.

왕이 된 다윗

도망자 다윗, 유다 지파의 왕이 되다

사울이 죽은 후에야 다윗의 피난 여정은 끝이 났습니다. 다윗은 하나님의 말씀을 따라 헤브론으로 갔습니다. 다윗과 뜻을 같이 한 사람들도 헤브론으로 갔습니다. 유다 지파 사람들이 거기서 다윗에게 기름을 부어 유다 족속의 왕으로 삼았습니다. 다윗이 머물던 블레셋 땅 시글락과 헤브론이 어딘지, 지도에서 찾아보십시요.

반면, 사울이 죽은 후에 사울의 군대 장관이었던 아브넬이 사울의 아들 이스보셋을 나머지 이스라엘 지파의 왕으로 옹위했습니다. 이스보셋은 아브넬의 도움으로 40세에 왕이 되어 두 해 동안 왕위에 있었습니다. 일시적으로 이스라엘에 왕이 둘이었던 상황입니다.

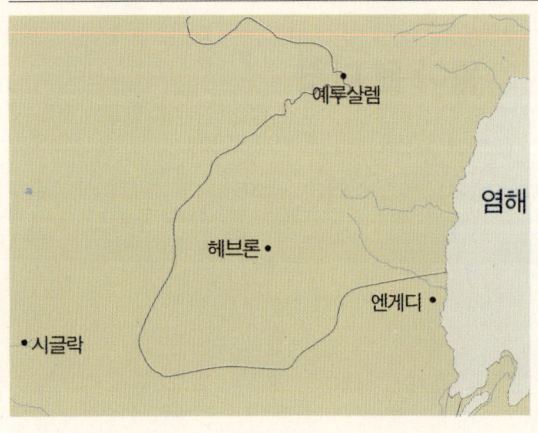

시글락과 헤브론

왕인 자신도 어떻게 할 수 없는 군대 장관을 둔 왕들의 비애

다윗과 이스보셋 양 진영에는 각각 군대 장관들이 있었습니다. 이스보셋을 왕으로 세운 아브넬과 다윗의 군대 장관 요압, 이들이 기브온에서 맞붙어 맹렬하게 싸웠습니다. 이 전쟁에서 승기는 요압이 잡았으나, 요압의 동생 아사헬이 아브넬에 의해 죽었습니다. 사울의 집과 다윗의 집 사이에 전쟁은 오래 지속되었습니다.

다윗은 점점 강해지고 사울의 집은 점점 약해져갔습니다. 아브넬은 사울의 집에서 점점 권세를 잡았습니다. 힘이 생기면 사람은 교만해집니다. 아브넬이 사울의 첩을 취했습니다. 이스보셋이 이를 꾸짖자 아브넬이 발끈해서 이스보셋을 배반하고 헤브론에 있는 다윗과 언약을 맺으러 갑니다. 이스보셋은 이런 아브넬을 저지하지 못합니다. 아브넬이 헤브론에서 다윗을 만나고 돌아간 후에 다윗의 군대 장관 요압이 전장에서 돌아옵니다. 요압이 이 사실을 알고 다윗에게 말하지 않고 부하에게 아브넬을 데려오라고 하고 그를 찔러 죽입니다. 다윗은 이런 상황임에도 요압을 제어하지 못합니다.

"내가 기름 부음을 받은 왕이 되었으나 오늘 약하여서 스루야의 아들인 이 사람들을 제어하기가 너무 어려우니 여호와는 악행한 자에게 그 악한 대로 갚으실지로다." 삼하 3:39

양 진영의 군대 장관인 아브넬과 요압은 왕들도 어떻게 할 수 없는 사람들이었습니다. 자신의 권위 아래 있지만 통제할 수 없는 힘 있는 사람, 그와 함께하는 것은 큰 고통입니다. 다윗은 이런 요압과 평생을 같이했습니다. 이때가 집권 초기임을 감안하면, 30년 이상을 이렇게 지냈습니다. 다윗에게 요압은 '가시'였습니다. 다윗은 끝까지 요압을 어떻게 하지 못하고 아들 솔로몬에게 "그의 백발이 평안히 스올에 내려가지 못하게 하라" 왕상 2:6는 유언을 남기고 죽었습니다.

다윗, 온 이스라엘의 왕이 되다

아브넬이 죽었다는 소식을 듣고, 이스보셋은 손에 맥이 풀렸고, 자신의 군지휘관 바아나와 레갑에게 살해를 당합니다. 이스보셋을 살해한 이들이 그의 머리를 가지고 헤브론에 있는 다윗에게 갔습니다. 한 자리를 얻을 줄 알았으나, 그들이 얻은 것은 죽음입니다. 다윗은 이스보셋의 목을 가지고 온 사람들을 죽이며 이렇게 말했습니다.

"9 내 생명을 여러 환난 가운데서 건지신 여호와께서 살아 계심을 두고 맹세하노니 10 전에 사람이 내게 알리기를 보라 사울이 죽었다 하며 그가 좋은 소식을 전하는 줄로 생각하였어도 내가 그를 잡아 시글락에서 죽여서 그것을 그 소식을 전한 갚음으로 삼았거든 11 하물며 악인이 의인을 그의 집 침상 위에서 죽인 것이겠느냐 그런즉 내가 악인의 피흘린 죄를 너희에게 갚아서 너희를 이 땅에서 없이하지 아니하겠느냐." 삼하 4:9-11

사울의 죽음 소식을 가지고 온 사람에게 다윗이 한 일, 아브넬이 죽은 후에 보인 다윗의 태도, 사울의 아들 이스보셋의 목을 가지고 온 사람에게 다윗이 내린 조치는 이것이 그의 마음이기도 하지만 백성들의 마음을 헤아린 결정입니다. 유다 지파 사람의 마음만 얻으면 유다 지파의 왕 밖에 될 수 없습니다. 다윗은 이렇게 사울의 편에 섰던 사람들의 마음도 얻으며 전체 이스라엘의 왕이 되었습니다.

이스보셋이 살해당한 후에 이스라엘 모든 지파가 헤브론으로 달려가 다윗에게 충성을 맹세하고, 이스라엘 장로들이 다윗에게 기름을 부어 이스라엘 왕으로 삼았습니다. 헤브론에서 유다의 왕이 된지 칠년 만의 일입니다. 다윗의 헤브론 통치 기간을 정확하게 7년 6개월이라고 기록한 곳도 있습니다.

다윗, 예루살렘을 헤드쿼터로 정하다

이스라엘 모든 지파의 왕이 된 다윗에게 고민이 생겼습니다. 어디서 이스라엘을 통치할 것인가! 헤드쿼터를 정하는 문제에 직면했습니다. 여기 나오는 헤드쿼터를 수도라고 표현할 수도 있지만, 이 책에서 일관되게 사용하고 있는 '헤드쿼터'라는 단어를 예루살렘에도 적용합니다. 유다 지파 이외의 지파들을 위해서는 헤브론이 아닌 곳으로 헤드쿼터를 정해야 합니다. 사울의 집이 있었던 기브아로 정하기에는 문제가 있고, 길갈도 지리적 여건이 좋지 않고, 고민이 많이 되었을 것 같습니다. 이스라엘의 왕이 된 다윗은 큰 결단을 내립니다. 가나안 입성을 해서 수백 년이 지났지만, 아직 정복하지 못한 땅이 있습니다. 그 땅을 정복해 헤드쿼터로 삼기로 했습니다. 다윗이 정복지로 선택한 곳은 여부스 족속의 땅입니다.

여부스 족속의 땅은 일찍이 하나님께서 아브람과 언약을 맺으실 때, 그의 자손들에게 주시겠다고 약속하신 땅입니다. 창 15:21 이 땅은 애굽에서, 또한 광야에서 하나님께서 이스라엘 백성들에게 주시겠다고 약속하신 땅 목록에 빠지지 않고 들어 있습니다. 가나안 땅에 입성한 후이 땅을 베냐민 지파에게 분배했습니다.수 18:28 유다 지파가 분배 받은 땅에도 이 땅이 살짝 겹칩니다.수 15:8 그러나 유다 지파도 베냐민 지파도 여부스 족속을 이 땅에서 쫓아내지 못하다, 사사 시대에 이르러서야 유다 지파가 점령했습니다. 그러나 완전한 점령은 아니었습니다. 그 성에는 아직 여부스 사람들이 살고 있었습니다. 여부스 사람들이 살고 있는 땅, 약속은 받았지만 정복하지 못한 땅, 그 땅의 이름은 예루살렘입니다.

다윗 왕이 군사들과 함께 예루살렘을 점령했습니다. 성경에는 다윗이 예루살렘을 점령한 것이 한두 줄로 나와 있습니다. 그러나 현장에 가서 보면, 이 성을 어떻게 점령했을까 탄복하게 됩니다. 예루살렘은 삼면이 골짜기입니다. 북쪽 한 곳만 막으면 성에 접근하는 것 자체가 어렵습니다. 얼마나 어려웠으면 가나안 땅을 점령하고 수백 년이 지났는데 아직 이스라엘이 점령하지 못했을까요. 예루살렘은 천혜의 요새입니다.

예루살렘을 헤드쿼터로 정한 것은 백성들을 향한 다윗의 배려다

다윗이 예루살렘을 헤드쿼터로 선정한 것은 탁월한 결정입니다. 유다 지파의 헤브론도 아니고, 이스보셋을 왕으로 삼았던 지파들의 성읍도 아닌 미정복지인 예루살렘을 정복해 헤드쿼터를 삼았으니 말입니다. 그것도 베냐민 지파와 유다 지파의 애매한 경계선상에 있는 예루살렘을 헤드쿼터로 삼은 것을 보면 다윗은 탁월합니다. 양쪽을 다 배려하면서, 다윗은 새로 정복한 성읍에서, 새로 시작하는 명분과 실리를 모두 얻었습니다. 다윗의 결정들을 깊이 살펴보면, 백성들을 배려하는 사려 깊은 마음이 보입니다. 다윗은 어느 한 쪽이 아니라 양쪽을 모두 포용했습니다. 그는 유다 지파지만 유다 지파의 왕이 아닌 모든 지파의 왕이 되었습니다.

예루살렘 성이 난공불락의 요새라는 것은 예루살렘 지형을 보면 한눈에 수긍이 갈 것입니다. 예루살렘은 동쪽으로는 기드론 골짜기가 있습니다. 서쪽으로는 힌놈의 골짜기가 있습니다. 골짜기가 깊습니다. 지금처럼 비행기나 대포가 있던 시절이 아닌, 군대가 직접 쳐들어가야 하는 그 옛날 전투에서 예루살렘을 점령하는 것은 쉽지 않은 일입니

이스라엘 박물관에서 촬영한 다윗 성 모형본

다. 기드론 골짜기를 따라 걷다 예루살렘 성을 올려다 보면서 '다윗이 이 성을 어떻게 점령했을까' 감탄하지 않을 수 없습니다.

예루살렘을 점령한 다윗은 성을 쌓았다

오늘의 예루살렘 사진입니다. 지금은 집들을 짓고 살고 있습니다. 그곳에서 다윗 성의 유물이 발견되고 있습니다.

다윗은 예루살렘을 점령한 후에 그 성을 다윗 성이라 명하고, 밀로에서부터 안으로 둘러 성을 쌓았습니다. 성의 안전을 위해서는 성벽이 필요합니다. 다윗은 영토를 확장하기 전에 먼저 성을 쌓아 다윗 성의 안전을 도모했습니다. 다윗이 뛰어난 전략가라는 것은 이미 정평이 나 있습니다. 그가 성벽을 쌓은 것을 봐도 알 수 있습니다. 벽은 다 헐어야 하는 것으로 생각하기 쉽습니다. 물론 헐어야 할 벽도 있지만, 쌓아야 할 벽도 있습니다.

여호와의 궤 찾아오기 축제

다윗이 이스라엘의 왕이 된 후에 행한 첫 일은 여호와의 궤를 찾아오는 것입니다. 다윗이 이 일을 처리하는 과정을 보면, 다윗의 위대함이 그대로 묻어납니다.

다윗, 일을 축제로 만들다

"¹ 다윗이 천부장과 백부장 곧 모든 지휘관과 더불어 의논하고 ² 다윗이 이스라엘의 온 회중에게 이르되 만일 너희가 좋게 여기고 또 우리의 하나님 여호와께로 말미암았으면 우리가 이스라엘 온 땅에 남아 있는 우리 형제와 또 초원이 딸린 성읍에 사는 제사장과 레위 사람에게 전령을 보내 그들을 우리에게로 모이게 하고 ³ 우리가 우리 하나님의 궤를 우리에게로 옮겨오자 사울 때에는 우리가 궤 앞에서 묻지 아니하였느니라 하매 ⁴ 뭇 백성의 눈이 이 일을 좋게 여기므로 온 회중이 그대로 행하겠다 한지라."대상 13:1-4

혼자 결정할 수도 있습니다. 더군다나 정권 초기입니다. 기세등등할 때입니다. 레임덕이 있는 정권 말기도 아닙니다. 그런데 다윗은 이 일을 천부장과 백부장 곧 모든 지휘관과 더불어 의논했습니다. 그 다음 이스라엘 온 회중에게 만일 너희가 좋게 여기면 우리 하나님의 궤를 우리에게로 옮겨 오자고 제안합니다. 온 백성이 이 일을 좋게 여기고 그대로 행하겠다고 합니다. 일을 어떻게 해야 하는지, 결정을 어떻게, 어떤 과정을 거쳐 해야 하는지를 배웁니다. 언약궤를 옮겨 오는 일은 좋은 일입니다. 그렇지만, 이 좋은 일도 다윗은 혼자 독단적으로 하지 않았습니다. 다윗은 함께 의논하고 뜻을 모아 다같이 했습니다. 이 과정을 통해 언약궤를 옮겨 오는 일은 다윗 왕의 일이 아니라 온 이스라엘의 일이 되었습니다. 온 국민의 축제가 되었습니다. 다윗은 이렇게 겸손히 사람들의 마음을 얻으며 왕직을 수행했습니다.

왕이 하면 그 일은 말 안 해도 중요한 일이다

다윗은 여호와의 궤를 가지러 친히 기럇여아림 아비나답의 집으로 갔습니다. 사람들만 보낼 수도 있지만, 다윗이 직접 갔습니다. 이 일이 얼마나 중요한가를 강조하고 또 강조하는 것보다 효율적인 것은 왕이 그 일을 직접 하는 것입니다. 왕이 하면 그 일은 중요한 일, 큰일입니다.

"¹ 다윗이 이스라엘에서 뽑은 무리 삼만 명을 다시 모으고 ² 다윗이 일어나 자기와 함께 있는 모든 사람과 더불어 바알레유다로 가서 거기서 하나님의 궤를 메어 오려 하니 그 궤는 그룹들 사이에 좌정하신 만군의 여호와의 이름으로 불리는 것이라 ³ 그들이 하나님의 궤를 새 수레에 싣고 산에 있는 아비나답의 집에서 나오는데 아비나답의 아들 웃사와 아효가 그 새 수레를 모니라 ⁴ 그들이 산에 있는 아비나답의 집에서 하나님의 궤를 싣고 나올 때에 아효는 궤 앞에서 가고 ⁵ 다윗과 이스라엘 온 족속은 잣나무로 만든 여러 가지 악기와 수금과 비파와 소고와 양금과 제금으로 여호와 앞에서 연주하더라." 삼하 6:1-5

바알레유다는 기럇여아림의 다른 이름입니다. 다윗은 거기서 언약궤를 다윗 성으로 메어 오려고 갔습니다. 아비나답의 집에 도착해서, 언약궤를 새 수레에 싣고 아비나답의 집에서 나옵니다. 뜻밖입니다. 다윗이 출발할 때만 해도 분명히 '가서 거기서 하나님의 궤를 메어 오려'고 했는데, 현장에 도착해서는 언약궤를 새 수레에 싣고 출발합니다.

최신 버전보다 하나님의 말씀이 우선이다

하나님께서 언약궤를 만들 때, 궤에 채를 낄 수 있는 고리를 네 개 달도록 하셨습니다. 그리고 조각목으로 채를 만들어 금으로 싸고 그 채를 궤 양쪽 고리에 꿰어서 궤를 메도록 했습니다. 채를 궤의 고리에 꿴 대로 두고 빼내지 말라고 당부했습니다.출 25장 출애굽 때, 이동 중에는 레위 지파로 하여금 언약궤를 메게 하셨습니다. 제사장들이 성소에 들어가서 포장 작업을 마치면, 레위 지파 중에 고핫 자손들이 이것을 멨습니다. 이들에게는 두 가지 금지 사항이 주어졌습니다.

"그러나 성물은 만지지 말라 그들이 죽으리라."민 4:15
"그들은 잠시라도 들어가서 성소를 보지 말라 그들이 죽으리라."
민 4:20

이스라엘 백성들이 가나안 땅에 들어갈 때도 여호수아는 제사장들에게 언약궤를 메게 했습니다.수 3:6

궤는 수레에 싣고 옮기는 것이 아니라 제사장이나 레위인들 네 명이 한 조가 되어 메어 옮겼습니다. 그런데, 다윗이 이것을 놓치고 있습니다. 블레셋 사람들이 언약궤를 이스라엘로 돌려보낼 때, 암소가 끄는 수레에 실어 보냈습니다. 블레셋 사람들은 언약궤를 제사장이나 레위인들이 메어야 하는 것을 몰랐을 것입니다. 그저 그들은 언약궤를 어서 이스라엘로 보내야 한다는 생각에 수레를 사용했을 것입니다. 아마

이 이야기는 전설처럼 당시 사람들에게 전해져 내려오고 있었을 것입니다.

하나님이 일러주신 언약궤를 메어야 한다는 말씀보다, 언약궤를 수레에 실어 옮긴 것이 더 최근의 일이기 때문에 다윗을 비롯한 그 누구도 이의 없이 언약궤를 수레에 실었는지 모릅니다.

우리도 어떤 일을 할 때, 무심코 따라합니다. '그 사람은 어떻게 했대, 그 회사는 어떻게 했대, 그 교회는 어떻게 했대.' 잠시 멈춰, 누구를 따를 것인가, 무엇을 따라 할 것인가를 생각해 봅니다. 하나님이 그 일을 어떻게 하라고 하셨는지를 찾고 살피기보다, 사람들이 그 일을 어떻게 했는지를 보고 따라 하는 경우가 비일비재합니다. 따라 하되, 우리가 따라 해야 할 것은 사람들이 어떻게 한 것이 아니라, 최근에 누가 어떻게 한 것이 아니라, 하나님의 말씀이어야 합니다.

언약궤 이동 축제 중 인사 사고 발생

하나님의 궤는 기럇여아림 아비나답의 집을 출발해 다윗 성을 향합니다. 언약궤를 실은 수레는 아비나답의 아들 웃사와 아효가 몹니다. 오랫동안 언약궤를 잘 보관한 아비나답 가족에 대한 다윗의 배려 같습니다. 아효는 언약궤 앞서 가고 다윗과 이스라엘 온 족속은 잣나무로 만든 여러 가지 악기와 수금과 비파와 소고와 양금과 제금으로 여호와 앞에서 연주했습니다. 이스라엘 국립 오케스트라가 언약궤 뒤를 따르면서 연주한 것입니다. 그 모습을 그려 보세요. 장관입니다. 그동안 홀대 받았던 여호와의 궤가 이제 존귀함을 받습니다. 같은 언약궤지만, 사울이 왕일 때와 다윗이 왕일 때 대하는 태도가 매우 달랐습니다. 무엇에 관심이 있느냐에 따라 그가 하는 일도 다릅니다. 다윗의 관심은 하나님이었습니다.

언약궤를 실은 수레가 나곤의 타작 마당에 이르렀습니다. 아라우나의 타작 마당 등 성경에 타작 마당이 등장하는데, 타작 마당은 평평한 자연석이 깔린 넓은 광장을 가리킵니다. 이스라엘 백성들 가운데 나곤의 타작 마당에서 언약궤를 기다리던 사람들도 많았을 것입니다. 언약궤를 실은 수레가 모습을 드러낼 때, 그들은 아마 큰 함성을 지르며 환호했을 것입니다. 거기서 소들이 뛰었다고 성경에 기록되어 있는데, 그 이유를 이렇게 추론해 본 것입니다.

소들이 뛰자 웃사가 손을 들어 하나님의 궤를 붙들었습니다. 어떻게 보면 언약궤를 보호하기 위해 반사적으로 한 일입니다. 순간적으로 센스 있게 대응한 것 같습니다. 그런데, 이 일로 웃사가 죽습니다. 우연히 죽은 것이 아닙니다.

"여호와 하나님이 웃사가 잘못함으로 말미암아 진노하사 그를 그곳에서 치시니 그가 거기 하나님의 궤 곁에서 죽으니라." 삼하 6:7

순간, 다윗도, 또 언약궤 뒤에서 연주하던 사람들도, 환호하던 이스라엘 고관들과 백성들도 모두 당황했을 것입니다. "아~" 하는 탄식과 함께 정적이 그 자리를 덮었을 것입니다. 갑자기 형이 죽는 것을 본 아효는 어쩔 줄 모르고 두려워 떨었을지 모릅니다. 도대체 어떻게 된 일일까요? 이 내용을 읽는 우리도 당황하는데, 당시 현장에서 이것을 목도한 이들이야 얼마나 당황스러웠겠습니까. 아들 웃사가 죽은 것을 들은 아비나답의 심정은 또 어떠했겠습니까.

인사 사고 원인 조사반

성경은 웃사가 잘못함으로 말미암아 여호와께서 진노하신 일이라고 기록하고 있습니다. 웃사의 잘못은 무엇일까. 우리는 그 답을 성경에서 찾아야 합니다. 이미 우리는 앞에서 어디서 잘못된 일인지를 알 수 있는 말씀을 함께 보았습니다. 하나님께서 모세를 통해 레위 지파인 고핫 자손으로 언약궤를 비롯한 성소의 기물들을 메라고 하면서 주신 두 가지 금지사항, 하나는 만지지 말라, 또 하나는 보지 말라입니다. 민 4:15, 20

블레셋에서 벧세메스로 언약궤가 돌아올 때, 그러니까 다윗이 언약궤를 다윗 성으로 가져오려고 하는 때로부터 수십 년 전, 언약궤가 블레셋에서 벧세메스로 왔을 때 일입니다. 벧세메스 사람들이 평소 절기 때 성막에 가도 절대 볼 수 없었던 언약궤, 그것을 눈 앞에서 보았으니 얼마나 신기했겠습니까. 아마 그들은 기회는 이때다 싶어 언약궤를 들여다 봤을 것입니다. 이 일로 벧세메스에서 많은 사람들이 죽었습니다. 하나님이 모세를 통해 주신 말씀이 엄중하게 임했습니다. 하나님께서 보지 말라고 한 말씀을 벧세메스 사람들이 가볍게 여긴 것입니다.

웃사의 경우도, 같은 맥락입니다. 하나님은 분명 "그러나 성물은 만지지 말라. 그들이 죽으리라"민 4:15고 말씀하셨습니다. 언약궤를 다룰 때는 하나님이 언약궤를 어떻게 다루라고 하셨는지를 물어야 합니다. 교회를 개척할 때는 교회를 어떻게 세워야 할지, 결혼을 할 때는 결혼을 어떻게 해야 할지, 사업을 할 때는 회사를 어떻게 경영할지 하나님께 물어야 합니다. 언약의 말씀, 구약과 신약을 펼쳐놓고 물어야 합니다. 좋은 일을 할 때도 마찬가지입니다. 하나님이 기뻐하실 만한 일을 할 때도 마찬가지입니다. 흥분이 되어도, 감동이 커도 중심에 말씀이 있어야 합니다. 말씀이 중심추 역할을 해야 합니다.

흥분하면, 놓치기 쉬운 게 하나님의 말씀입니다. 감동이 되어도, 흥분을 해도 우리는 하나님께 어떻게 해야 하는지 물어야 합니다.

지식이 없는 사랑의 위험

지식은 사랑을 수반해야 하고 사랑은 지식을 겸해야 합니다. 사랑이 없는 지식은 사람을 교만하게 하고, 지식이 없는 사랑은 사람을 방자히 행하게 합니다. 사랑이 있는 지식, 지식이 있는 사랑이 덕을 세웁니다. 사람을 향한 사랑도, 하나님을 향한 사랑도 지식이 있는 사랑이어야 합니다. 지식은 하나님의 말씀입니다. 하나님의 방법입니다. 하나님이 정하신 한계입니다. 하나님이 줄로 재어 준 구역입니다. 지식이 있는 사랑이란 하나님이 하라고 하는 대로 하는 사랑입니다. 하나님이 정해 주신 방법대로 하는 사랑입니다.

만약, 누군가 굶고 있는데 먹을 것을 가져다주어 그로 먹게 했다면, 이것은 지식 있는 사랑입니다. 그러나 어떤 남편 있는 여인이 외로워 할 때, 한 남자가 자신의 온몸을 다 바쳐 그녀를 외롭지 않게 해 주었다면 이것은 사랑이 아니라 죄입니다. 그럼에도 이 남자가 '난 사랑을 했다고, 사랑을 했을 뿐'이라고 항변한다면, 굳이 이것을 사랑이란 말을 넣어서 표현하면, 그것은 지식 없는 사랑입니다.

지식 있는 사랑, 그 사랑이 우리 사랑입니다. 사람을 사랑할 때도, 하나님을 사랑할 때도, 하나님이 어떻게 하라고 하셨는지를 주목해야 합니다. 다윗이 언약궤를 찾아오려고 하는 것은 하나님을 향한 사랑에서 출발했습니다. 그러나 애석하게도 그 사랑이 지식을 수반하지 못했습니다.

하나님이 손대지 말라고 하시면 손대지 말아야 합니다. 만약, 그래서 언약궤가 어떻게 되었더라도 하나님은 그 책임을 우리에게 묻지 않으십니다. 하나님은 살아 계십니다. 소가 뛰어도 하나님은 살아 계십니다. 하나님의 말씀에 반하는 것으로 하나님을 위하려고 해서는 안 됩니다. 하나님의 말씀에 반하는 것으로 하나님의 일을 하려고 해서는 안 됩니다. 하나님의 일은 하나님이 하라고 하신 방법으로 해야 합니다.

다윗이 분이 난 이유

웃사가 죽을 때, 다윗이 보인 반응은 조금은 의외입니다. 성경은 다윗이 분하여 그곳을 '베레스웃사'라고 했다고 기록했습니다. 다윗이 두려워했다면 이해가 됩니다. 다윗이 당황했다면 그것도 납득이 됩니다. 그런데 다윗이 분을 낸 것은 선뜻 이해가 되지 않습니다. 다윗은 왜 분을 냈을까요?

다윗 마음 한구석에 혹시 이스보셋을 왕으로 세웠던 아브넬의 마음과 같은 마음이 숨어 있었던 것은 아닐까 하는 생각이 듭니다. 사울이 죽은 후에 아브넬이 사울의 아들 이스보셋을 왕으로 세웠습니다. 아브넬 덕에 왕이 된 사람이 이스보셋입니다. 그런 이스보셋이 자신이 사울의 첩을 취하였다고 책망을 하자, 아브넬은 매우 분이 나서 이스보셋 면전에서 소리를 지르고 헤브론으로 가 유다의 왕이 된 다윗에게 언약을 맺자고 합니다.

"⁸ 내가 유다의 개 머리냐 내가 오늘 당신의 아버지 사울의 집과 그의 형제와 그의 친구에게 은혜를 베풀어 당신을 다윗의 손에 내주지 아니하였거늘 당신이 오늘 이 여인에게 관한 허물을 내게 돌리는도다 ⁹ 여호와께서 다윗에게 맹세하신 대로 내가 이루게 하지 아니하면 하나님이 아브넬에게 벌 위에 벌을 내리심이 마땅하니라 ¹⁰ 그 맹세는 곧 이 나라를 사울의 집에서 다윗에게 옮겨서 그의 왕위를 단에서 브엘세바까지 이스라엘과 유다에 세우리라 하신 것이니라." 삼하 3:8-10

아브넬의 이 말 속에는 이스보셋이 이스라엘의 왕이 된 것은 모두 자기 덕이라는 생각이 짙게 깔려 있습니다.

어쩌면 다윗 안에도 이와 똑같지는 않지만, 비슷한 마음이 있지 않았을까 싶습니다. '전임 왕인 사울은 언약궤에 관심도 갖지 않았는데, 나는 왕이 되자마자 언약궤를 메어 가겠다고 온 나라를 동원하여 이렇게 성대하게 준비를 했는데, 수십 년 동안 방치되어 있던 언약궤를 영광스럽게 하려고 전심으로 애쓰는데 나한테 어떻게 하나님이 이렇게 하실 수가 있을까.' 다윗의 마음 속은 성경에 기록되어 있지 않아 알 수 없지만, 이 상황에서 분을 낸 것이 이런 마음 때문은 아닐까 하는 생각을 해 봅니다.

무엇이 잘못되었을까. 어디서부터 잘못된 것일까. 다윗은 이렇게 묻거나 찾지 않았습니다. 그제서라도 언약궤를 어떻게 옮기는지, 언약궤는 어떻게 다뤄야 하는지를 성경을 펼쳐 찾았어야 하는데, 그는 그 시간 이렇게 분을 내고 있습니다. 다윗의 분노는 이내 두려움으로 바뀌었습니다. 다윗은 그날에 여호와를 두려워하여 "여호와의 궤가 어찌 내게로 오리요" 삼하 6:9라는 한 마디를 남기고 예루살렘으로 돌아가 버립니다. 공연이 중간에 끝난 것 같은, 축제가 중간에 끝나 버린 것 같은 그런 상태로 언약궤 이송 축제는 중간에 막을 내렸습니다.

다윗의 지식 있는 하나님 사랑

다윗 성으로 향하던 여호와의 궤는 가드 사람 오벧에돔의 집으로 옮겨졌습니다. 여호와의 궤를 다윗 성으로 옮겨 오려고 갔다 실패하고 그 궤를 오벧에돔의 집에 두고 돌아온 다윗의 마음도 편치는 않았을 것입니다. 그렇지만, 선뜻 다시 궤를 메어 오겠다고 나서기도 쉽지 않았습니다. 그러다 보니 어느새 석 달이 지났습니다. 여호와의 궤가 들어간 오벧에돔과 그의 온 집에 여호와께서 복을 주셨습니다. 이 소식을 들은 다윗이 다시 가서 오벧에돔의 집에서 여호와의 궤를 메어 오기로 했습니다. 이번에는 달랐습니다. 다윗이 어떻게 변했는지 살펴봅니다.

"레위 사람 외에는 하나님의 궤를 멜 수 없나니 이는 여호와께서 그들을 택하사 여호와의 궤를 메고 영원히 그를 섬기게 하셨음이라."
대상 15:2

다윗이 한 말입니다. 다윗은 석 달 동안 하나님께 묻고 배웠습니다. 이번에는 다윗이 아론 자손과 레위 사람들을 각 자손별로 862명을 모았습니다. 제사장 사독과 아비아달을 부르고 레위 사람의 지도자들도 불러서 "너희는 레위 사람의 지도자이니 너희와 너희 형제는 몸을 성결하게 하고 내가 마련한 곳으로 이스라엘의 하나님 여호와의 궤를 메어 올리라"대상 15:12고 엄중히 당부합니다. 그러면서 그는 "전에는 너희가 메지 아니하였으므로 우리 하나님 여호와께서 우리를 찢으셨으니 이는 우리가 규례대로 그에게 구하지 아니하였음이라"대상 15:13고 고백했습니다.

이 말을 들은 제사장들과 레위 사람들이 이스라엘 하나님 여호와의 궤를 메고 올라가려 하여 몸을 성결하게 하고 모세가 여호와의 말씀을 따라 명령한 대로 레위 자손이 채에 하나님의 궤를 꿰어 어깨에 메었습니다. 이번에는 여호와의 궤를 수레에 싣지 않고 레위인들이 메었습니다. 그 사이에 물었습니다. 다윗은 여호와의 궤 앞에서 묻기 위해 궤를 가지러 가면서 여호와께 묻지 않은 것에 대해 회개했습니다. 그리고 다시 시작했습니다. 멋진 다윗입니다. 석 달 사이에 지식 없던 사랑이 지식 있는 사랑으로 바뀌었습니다.

잔치 날, 잔치 분위기 깨는 사람이 있어도 잔치는 계속된다

잔치 날, 기쁜 날, 그 기쁜 자리에 분위기를 망가뜨리는 사람이 있기 마련입니다. 이날은 다윗의 아내인 사울의 딸 미갈이 이 역을 맡았습니다. 언약궤를 모셔 오면서 여호와 앞에서 뛰놀며 춤추는 남편 다윗을 보고 심중에 그를 업신여겼습니다.

이런 중에도 축제는 계속됩니다. 언약궤를 다윗 성에 안치한 다윗은 하나님께 번제와 화목제를 드리고 만군의 여호와의 이름으로 백성을 축복하고 떡 한 개와 고기 한 조각과 건포도 떡 한 덩이씩 나누어 주었습니다.

다윗 성에 있는 언약궤 앞에는 아삽을, 기브온 산당에 있는 성막 앞에는 제사장 사독을 세운 다윗

언약궤를 다윗 성으로 메어 왔다고 해서 다윗이 기브온 산당에 있는 성막을 무시한 것은 아닙니다. 다윗은 잃어버린 성막을 찾기까지 "내가 내 장막 집에 들어가지 아니하며 내 침상에 오르지 아니하고 내 눈으로 잠들게 하지 아니하며 내 눈꺼풀로 졸게 하지 아니하기를" 시 132:3-4이라고 서원했던 사람입니다. 다윗이 언약궤를 다윗 성으로 메어 온 후에 언약궤와 성막을 어떻게 대했는지는 성경에 자세히 기록되어 있습니다.

"37 다윗이 아삽과 그의 형제를 여호와의 언약궤 앞에 있게 하며 항상 그 궤 앞에서 섬기게 하되 날마다 그 일대로 하게 하였고 38 오벧에돔과 그의 형제 육십팔 명과 여두둔의 아들 오벧에돔과 호사를 문지기로 삼았고 39 제사장 사독과 그의 형제 제사장들에게 기브온 산당에서 여호와의 성막 앞에 모시게 하여 40 항상 아침 저녁으로 번제단 위에 여호와께 번제를 드리되 여호와의 율법에 기록하여 이스라엘에게 명령하신 대로 다 준행하게 하였고." 대상 16:37-40

다윗은 다윗 성에 있는 언약궤 앞에는 노래하는 아삽과 그의 형제를 세워 날마다 그 일대로 하게 하고, 기브온 산당에 있는 성막에는 제사장 사독과 그의 형제 제사장들을 세워 항상 아침저녁으로 번제단 위에 여호와께 번제를 드리게 했습니다. 언약궤를 메어 오는 과정을 통해 '지식 없는 사랑의 위험'에 대해 학습한 다윗은 이 모든 일을 다 여호와의 율법이 기록하여 이스라엘에게 명령하신 대로 했습니다.

왜 다윗은 언약궤를 기브온 산당에 있는 성막이 아닌 다윗 성으로 가져왔을까

다윗이 여호와의 궤를 당시 기브온 산당에 있었던 성막으로 가져가지 않고 자신의 장막 안으로 모신 것은 조금은 의외입니다. 앞에서 살펴본 것처럼 다윗이 기브온 산당에 나가기를 두려워한 것을 감안하더라도, 지척에 성막이 있는데 그 성막 대신 별도의 천막 아래 언약궤를 모신 것은 조금은 뜻밖입니다.

언약궤가 워낙 오랫동안 성막을 나와 아비나답의 집에 머문 것을 보고 언약궤를 집에 모셔도 되는 것으로 생각한 것은 아닐까. 이런 확신은 오벧에돔의 집에 언약궤가 석 달을 지내면서 여호와께서 그 집에 복을 주신 것으로 더욱 굳어졌는지도 모릅니다. 성경을 통해서 보면, 언약궤의 원래 위치는 성막 안 지성소 안입니다. 그런데 다윗은 언약궤를 성막이 있는 기브온 산당이 아닌 다윗 성으로 메어 왔습니다. 언약궤는 온 이스라엘 사람들이 제사를 드리는 성막에 함께 있어야 하는 것 아닐까요. 그럼에도 다윗이 이렇게 한 것은 자신만을 위한 이기적인 욕심 때문이라고 생각할 수 있는 여지도 있습니다. 또한 다윗의 장막 아래 언약궤를 두고 거기서 번제와 화목제를 하나님께 드립니다. 일반적으로 번제와 화목제는 성막에서 드립니다.

이것을 어떻게 해석하고, 어떻게 받아들여야 할지 고민이 될 수 있습니다. 그런데 이 부분에 대해서 하나님이 별도로 하신 말씀이 없습니다. 언약궤를 들여다 본 벧세메스 사람들이나, 궤를 만진 웃사에게 하나님께서 하신 것과 같은 직간접의 언급이나 사인도 없습니다. 오히려 언약궤를 다윗 성에 모신 후에 드린 번제를 하나님께서 기쁘시게 받으신 것 같습니다. 그렇다면 우리는 우리가 알지 못하는 하나님의 뜻과 섭리가 있는 것으로 받아들이는 것이 도리일 것 같습니다. 좋은 면에서, 다윗은 왜 언약궤를 다윗 성으로 가져왔을지를 생각해 봅니다.

언약궤를 다윗 성에 둔 다윗의 마음 읽기

언약궤를 다윗 성에 안치한 후에 다윗은 아삽과 그의 형제를 세워 먼저 여호와께 감사하게 했습니다. 그 내용이 역대상 16장에 기록되어 있습니다. 그 속에서 우리는 다윗의 마음의 일단을 엿볼 수 있습니다. 이 말씀을 읽으며 다윗의 마음을 읽어 보세요. 다음은 제가 읽은 다윗의 마음입니다.

언약궤를 다윗 성에 모신 것은 하나님을 향한 다윗의 깊은 감사 표현입니다. 다윗이 언약궤를 다윗 성에 두고 먼저 한 일은 여호와께 감사입니다.

"⁸ 너희는 여호와께 감사하며 그의 이름을 불러 아뢰며 그가 행하신 일을 만민 중에 알릴지어다 ⁹ 그에게 노래하며 그를 찬양하고 그의 모든 기사를 전할지어다."대하 16:8-9

언약궤를 다윗 성에 둔 후에 드린 다윗의 감사 중에서 '구하라'를 주목합니다.

"¹⁰ 그의 성호를 자랑하라 여호와를 구하는 자마다 마음이 즐거울지로다 ¹¹ 여호와와 그의 능력을 구할지어다 항상 그의 얼굴을 찾을지어다."대하 16:10-11

다윗이 언약궤를 다윗 성에 모신 것은 하나님을 구하기 위함입니다. 하나님의 능력을 구하기 위함입니다.

다윗의 감사 중에 '기억하라'는 단어가 여러 번 나옵니다.

"¹²⁻¹³ 그의 종 이스라엘의 후손 곧 택하신 야곱의 자손 너희는 그의 행하신 기사와 그의 이적과 그의 입의 법도를 기억할지어다 ¹⁴ 그는 여호와 우리 하나님이시라 그의 법도가 온 땅에 있도다 ¹⁵ 너희는 그의 언약 곧 천 대에 명령하신 말씀을 영원히 기억할지어다 ¹⁶ 이것은 아브라함에게 하신 언약이며 이삭에게 하신 맹세이며 ¹⁷ 이는 야곱에게 세우신 율례 곧 이스라엘에게 하신 영원한 언약이라."대하 16:12-17

다윗은 자신이 왕이 된 것이, 이스라엘이 나라가 된 것이 하나님이 행하신 일임을 알았기에 그는 이것에 감사하며 이것을 기억하기 원했습니다. 다윗은 언약궤 앞에서 하나님이 행하신 일들과 하나님이 하신 말씀들을 기억하기 원했습니다.

  다윗은 언약궤 앞에서 노래하고 싶었습니다. 하나님을 찬양하고 싶었습니다. 날마다 하나님이 하신 일을 선포하고 싶었습니다. 그래서 그는 언약궤 앞에 찬양하는 사람 아삽을 세웠습니다. 이런 다윗의 마음은 다윗의 감사 중에서도 발견됩니다.

"²³ 온 땅이여 여호와께 노래하며 그의 구원을 날마다 선포할지어다 ²⁴ 그의 영광을 모든 민족 중에, 그의 기이한 행적을 만민 중에 선포할지어다 ²⁵ 여호와는 위대하시니 극진히 찬양할 것이요 모든 신보다 경외할 것임이여 ²⁶ 만국의 모든 신은 헛것이나 여호와께서는 하늘을 지으셨도다 ²⁷ 존귀와 위엄이 그의 앞에 있으며 능력과 즐거움이 그의 처소에 있도다 ²⁸ 여러 나라의 종족들아 영광과 권능을 여호와께 돌릴지어다 여호와께 돌릴지어다 ²⁹ 여호와의 이름에 합당한 영광을 그에게 돌릴지어다 제물을 들고 그 앞에 들어갈지어다 아름답고 거룩한 것으로 여호와께 경배할지어다." 대하 16:23-29

  다윗은 자신이 아닌 여호와께서 이스라엘을 통치하시길 원했습니다. 언약궤는 하나님의 임재의 상징입니다. 언약궤를 다윗 성에 둔 것은 하나님이 친히 예루살렘에서 이스라엘을 통치하시기 원하는 그의 마음의 표현입니다.

"30 온 땅이여 그 앞에서 떨지어다 세계가 굳게 서고 흔들리지 아니하는도다 31 하늘은 기뻐하고 땅은 즐거워하며 모든 나라 중에서는 이르기를 여호와께서 통치하신다 할지로다 32 바다와 거기 충만한 것이 외치며 밭과 그 가운데 모든 것은 즐거워할지로다 33 그리 할 때에 숲 속의 나무들이 여호와 앞에서 즐거이 노래하리니 주께서 땅을 심판하러 오실 것임이로다." 대하 16:30-33

다윗이 언약궤를 다윗 성에 둔 것은, 하나님을 모시고 이스라엘을 다스리고 싶은 그의 신앙고백입니다. 다윗은 예루살렘이 신앙과 생활의 중심이 되길 원했고, 예배와 통치가 한 곳에서 이루어지기를 원했습니다. 신앙 따로 생활 따로가 아니라, 신앙과 생활이 하나이기를 원한 것 같습니다. 다윗 성 안에서 하나님을 예배하는 것과 이스라엘을 통치하는 것이 함께 이루어지기를 원했습니다. 또한 산당이 아닌 구별된 곳에 언약궤를 모시고 싶은 마음도 있었을지도 모릅니다.

다윗이 언약궤를 다윗 성에 모신 데는 하나님의 뜻도 있습니다. 하나님은 일찍이 이 땅을 예배의 처소로 선택하셨습니다. 하나님이 아브라함에게 그 아들 이삭을 번제로 드리라고 하면서 지시하신 산도 이 산, 모리아 산입니다.

축복하러 들어온 남편을 저주하게 만든 여인 미갈

속에 있는 것은 겉으로 드러나게 마련입니다. 모든 행사를 은혜 가운데 마치고 자기의 가족을 축복하러 들어간 다윗을 맞으며 미갈이 한마디 합니다.

"이스라엘 왕이 오늘 어떻게 영화로우신지 방탕한 자가 염치 없이 자기의 몸을 드러내는 것처럼 오늘 그의 신복의 계집종의 눈앞에서 몸을 드러내셨도다." 삼하 6:20

다윗이 발끈했습니다.

"21 이는 여호와 앞에서 한 것이니라 그가 네 아버지와 그의 온 집을 버리시고 나를 택하사 나를 여호와의 백성 이스라엘의 주권자로 삼으셨으니 내가 여호와 앞에서 뛰놀리라 22 내가 이보다 더 낮아져서 스스로 천하게 보일지라도 네가 말한 바 계집종에게는 내가 높임을 받으리라." 삼하 6:21-22

화가 나면 상대에게 상처가 될만한 말만 골라서 합니다. 다윗의 말도 그랬습니다. 처갓집 얘기까지 했습니다. 결국 이 일로 미갈은 죽는 날까지 자식이 없었다고 성경은 기록하고 있습니다. 미갈이 내려와 언약궤 앞에서 춤을 추는 다윗과 함께 춤을 추었다면, 그 결과는 어떻게 되었을까요? 다윗과는 함께 춤을 춰야 합니다. 기쁜 일이 있는 사람과는 함께 기뻐해야 합니다. 웃는 이와 함께 웃어야 합니다.

성전을 건축하고 싶어한 다윗

하나님을 감동시킨 다윗의 마음 씀씀이

다윗은 드디어 그렇게 소망하던 언약궤를 다윗 성에 모셨습니다. 여호와께서 주위의 모든 원수를 무찌르사 다윗 왕으로 궁에 평안히 살게 하셨습니다. 그때 다윗의 마음에 죄송한 마음이 들었습니다. 다윗은 언약궤가 장막 아래 있는 것을 보면서, 자신은 백향목으로 지은 궁에 거하는데 하나님은 천막 아래 거하는 것 같은 그런 죄송한 마음이 들었습니다. 그래서 그 마음을 선지자 나단에게 털어 놓습니다.

"나는 백향목 궁에 살거늘 하나님의 궤는 휘장 가운데에 있도다."

삼하 7:2

이 짧은 한 마디 속에서 하나님을 향한 다윗의 마음을 읽을 수 있습니다. 하나님을 사랑하는 마음입니다. 나단 선지자가 크게 감동했습니다. 그는 그 자리에서 다윗에게 "여호와께서 왕과 함께 계시니 마음에 있는 모든 것을 행하소서"삼하 7:3라고 했습니다. 선지자는 하나님의 말씀을 받아 전하는 사람입니다. 그러나 크게 감동한 나단은 하나님의 말씀이 임하기 전에 이렇게 말해 버렸습니다. 그 밤에 하나님께서 나단을 찾아 말씀하셨습니다.

"5 가서 내 종 다윗에게 말하기를 여호와께서 이와 같이 말씀하시되 네가 나를 위하여 내가 살 집을 건축하겠느냐 6 내가 이스라엘 자손을 애굽에서 인도하여 내던 날부터 오늘까지 집에 살지 아니하고 장막과 성막 안에서 다녔나니 7 이스라엘 자손과 더불어 다니는 모든 곳에서 내가 내 백성 이스라엘을 먹이라고 명령한 이스라엘 어느 지파들 가운데 하나에게 내가 말하기를 너희가 어찌하여 나를 위하여 백향목 집을 건축하지 아니하였느냐고 말하였느냐 8 그러므로 이제 내 종 다윗에게 이와 같이 말하라 만군의 여호와께서 이와 같이 말씀하시기를 내가 너를 목장 곧 양을 따르는 데에서 데려다가 내 백성 이스라엘의 주권자로 삼고 9 네가 가는 모든 곳에서 내가 너와 함께 있어 네 모든 원수를 네 앞에서 멸하였은즉 땅에서 위대한 자들의 이름 같이 네 이름을 위대하게 만들어 주리라 10 내가 또 내 백성 이스라엘을 위하여 한 곳을 정하여 그를 심고 그를 거주하게 하고 다시 옮기지 못하게 하며 악한 종류로 전과 같이 그들을 해하지 못하게 하여 ¹¹ 전에 내가 사사에게 명령하여 내 백성 이스라엘을 다스리던 때와 같이 아니하게 하고 너를 모든 원수에게서 벗어나 편히 쉬게 하리라 여호와가 또 네게 이르노니 여호와가 너를 위하여 집을 짓고 ¹² 네 수한이 차서 네 조상들과 함께 누울 때에 내가 네 몸에서 날 네 씨를 네 뒤에 세워 그의 나라를 견고하게 하리라 ¹³ 그는 내 이름을 위하여 집을 건축할 것이요 나는 그의 나라 왕위를 영원히 견고하게 하리라 ¹⁴ 나는 그에게 아버지가 되고 그는 내게 아들이 되리니 그가 만일 죄를 범하면 내가 사람의 매와 인생의 채찍으로 징계하려니와 ¹⁵ 내가 네 앞에서 물러나게 한 사울에게서 내 은총을 빼앗은 것처럼 그에게서 빼앗지는 아니하리라 ¹⁶ 네 집과 네 나라가 내 앞에서 영원히 보전되고 네 왕위가 영원히 견고하리라 하셨다 하라." 삼하 7:5-16

감동하시면 감동시키시는 하나님

나단이 이 모든 말씀들과 이 모든 계시대로 다윗에게 말했습니다. 하나님의 완곡한 거절입니다. 요약하면, '네가 성전을 짓는 것은 허락하지 않지만 네 아들이 짓는 것은 허락한다' 입니다. 나중에 다윗이 아들 솔로몬에게 성전을 건축하라고 하면서 한 말을 참고하면, 하나님께서 다윗에게 성전 짓는 것을 허락하지 않으신 이유는 전쟁을 하며 피를 많이 흘렸기 때문입니다. 하나님께서 다윗에게 성전 짓는 것은 허락하지 않으셨지만, 하나님의 마음이 흡족하셨음을 하나님께서 다윗에게 하신 말씀을 통해 알 수 있습니다.

"땅에서 위대한 자들의 이름 같이 네 이름을 위대하게 만들어 주리라." 삼하 7:9

"너를 모든 원수에게서 벗어나 편히 쉬게 하리라 … 여호와가 너를 위하여 집을 짓고." 삼하 7:11

"네 왕위가 영원히 견고하리라." 삼하 7:16

여호와의 전을 짓고자 하는 그의 마음을 받으시고 감동하신 하나님이 다윗에게 주신 좋은 것들입니다.

나단 선지자를 통해 이 말씀을 전해 들은 다윗 역시 크게 감동하고 감격했습니다. 다윗에게 감동하신 하나님은 좋은 것들을 주시고, 하나님께 감동한 다윗은 여호와 앞으로 나갔습니다. 다윗은 하나님 앞에 들어가 앉아 묻습니다.

"여호와 하나님이여 나는 누구이오며 내 집은 무엇이기에 나에게 여기까지 이르게 하셨나이까." 대상 17:16

오늘 이스라엘의 왕이 된 그 자체에 감격해서 한 말입니다. 이것만 해도 말로 다할 수 없는 은혜인데, 여기에 장래의 은혜를 더하시니. 하나님께서 자신을 존귀한 자들같이 여기신 것에 감격한 다윗은 "여호와여 우리 귀로 들은 대로는 주와 같은 이가 없고 주 외에는 하나님이 없나이다"대상 17:20라고 찬양했습니다. 하나님은 하나님의 집을 짓겠다고 한 다윗의 집을 짓겠다고 하셨습니다. 다윗의 왕조를 세우시겠다는 의미입니다.

하나님을 높이는 다윗을 높이시고, 하나님을 위하시는 다윗을 위하시고, 하나님을 좋게 하시는 다윗을 좋게 하시고, 하나님의 집을 짓겠다는 다윗의 집을 지어 주시는 분이 우리 하나님이십니다. 하나님께서 다윗에게 허락하신 이 좋은 것들로 인해 다윗은 하나님께 감사하며 "주께서 복을 주셨사오니 이 복을 영원히 누리리이다"대상 17:27라고 고백하며 기도를 마무리했습니다.

다윗이 어디로 가든지 이기다

참 아름답습니다. 이 감동의 현장이 바로 다윗 성입니다. 개인적으로 다윗 성 이야기는 여기서 끝났으면 좋겠습니다. 이게 영화고, 연출을 제가 한다면, 이 장면을 파이널 컷으로 하고 엔딩 처리하고 싶습니다. 하지만 인생은 영화가 아닙니다. 인생은 이어집니다. 다윗도 다윗 성도 이어집니다. 다윗도 사람이고, 다윗 성도 사람 사는 곳입니다.

다윗의 업적을 기록한 사무엘하 8장의 제목을 대한성서공회는 '다윗이 어디로 가든지 이기다'라고 붙였습니다. 개역개정성경을 인터넷으로 서비스 하면서 단 제목입니다. 맞습니다. 이후에 일어난 일들을 읽어 보면, 다윗이 어디로 가든지, 누구와 싸우든지 이깁니다. 암몬이 다윗에게 싸움을 걸었다가 크게 패했습니다. 아람 사람들이 암몬을 도 왔다가 다윗에게 패하고 두려워하여 다시는 암몬 자손을 돕지 않았습 니다. 하나님께서 다윗에게 베푼 은혜입니다.

그 사건

그 사건은 언약궤가 없을 때 일어났다

그런데 이게 웬일입니까! 다윗 성에서 다윗이 상상할 수 없는 일을 행합니다. 이렇게 표현할 수밖에 없는 일이 다윗 성에서 일어납니다. 바로 우리아의 아내 밧세바를 취한 사건입니다.

이 사건은 이스라엘과 암몬과의 전쟁 막바지에 일어났습니다. 이 사건을 기록한 사무엘하 11장 바로 앞, 10장의 내용이 암몬과 아람 연합국과 이스라엘이 싸워 승리한 내용입니다. 그 전쟁 마무리 단계에 이 사고가 났습니다. 이스라엘이 군대 장관 요압의 지휘 아래 암몬 자손을 멸하고 랍바를 에워싸고 있을 때 다윗은 다윗 성에 있었습니다. 랍바는 오늘의 요르단 수도 암만입니다.

저녁 때, 다윗이 침상에서 일어나 왕궁 옥상에서 거닐다가 그곳에서 한 여인이 목욕하는 모습을 봤습니다. 성경은 "한 여인이 목욕을 하는데 심히 아름다워 보이는지라"삼하 11:2라고 기록하고 있습니다. 예상하지 못한 뜻밖의 상황에서 마주한 '목욕하는 여인'은 다윗의 마음을 사로잡기에 충분했습니다. 영원한 미스테리는, 이 여인이 왜 그 시간 목욕을 야외에서 했느냐 하는 것입니다. 일반적으로 예나 지금이나 목욕은 폐쇄 공간에서 하는데, 이 여인은 왜 밤도 아닌 저녁 시간에 왕궁에서 바라다 보이는 곳에서 목욕을 했는지, 참 이해할 수 없는 일입니다. 이후에 진행되는 일에 이 여인이 취한 태도를 보면, 의도적으로 왕을 유혹하기 위해 그렇게 한 것이 아닐까 하는 의심이 들 정도입니다. 그러나 이런 가정은 자칫 잘못하면 성범죄의 원인이 노출이 심한 옷을 입은 여성들 때문이라고 주장하며, 그 책임을 피해자인 여성들에게 돌리는 사람들의 논리 근거로 악용될 수 있습니다. 또한 이것을 다윗을 두둔하거나 다윗의 범죄를 정당하는 차원에서 하는 말로 오해하고 불편해 하는 일은 없길 바랍니다.

목욕하는 여인은 다윗의 눈에 심히 아름다워 보였습니다. 이미 결혼을 했고, 아내도 여러 명인 다윗이지만 그 순간을 참지 못했습니다. 에덴동산에서 하나님이 금하신 선악과가 하와의 눈에 먹음직도 하고 보암직도 하고 지혜롭게 할만큼 탐스럽게 보이면서 죄의 싹이 텄듯이, 하나님이 금하신 남의 아내가 다윗에게 심히 아름다워 보이면서 죄가 시작되었습니다. 다윗이 사람을 보내 그 여인의 신상을 조사하게 합니다. 목욕하는 여인, 그녀는 유부녀이고 게다가 자신의 부하 우리아의 아내였습니다. 남편이 지금 전쟁터에 있는 것을 안 다윗은 보좌관을 보내 그 여자를 자기에게로 데려오게 하고 그 여인과 더불어 동침했습니다. 하룻밤을 보낸 후 그 여인은 자기 집으로 돌아갔습니다. 그리고 얼마 후 그 여인이 사람을 다윗에게 보내 자신의 임신 사실을 통고했습니다.

죄는 회개 대신 꾀를 부리게 한다

밧세바의 임신 사실을 안 후, 다윗도 생각이 많았을 것입니다. 다윗은 그중에 그래도 가장 좋은 안이라고 생각한 것 하나를 택했습니다. 다윗은 전장에 있는 요압에게 연락해 우리아를 자신에게 보내도록 조치합니다. 우리아가 오자 다윗은 의례적으로 요압의 안부와 군사의 안부와 싸움이 어떠했는지를 묻고 집에 가서 자라고 합니다. 자신의 죄를 은폐하기 위함입니다.

다윗이 자신의 아내를 범하고 그것을 은폐하기 위해 자신에게 아내와 잠자리를 하라고 하는 줄 모르는 우리아는 그 왕에게 충성을 하겠다고 집에 가길 거절하고 왕궁 문에서 잡니다. 다윗의 마음이 많이 답답했을 것 같습니다. 다윗이 이 사실을 알고 "어찌하여 네 집으로 내려가지 아니하였느냐"삼하 11:10라고 꾸짖자, 우리아가 "언약궤와 이스라엘과 유다가 야영 중에 있고 내 주 요압과 내 왕의 부하들이 바깥 들에 진 치고 있거늘 내가 어찌 내 집으로 가서 먹고 마시고 내 처와 같이 자리이까 내가 이 일을 행하지 아니하기로 왕의 살아 계심과 왕의 혼의 살아 계심을 두고 맹세하나이다"삼하 11:11라고 충성 서약을 합니다. 우리아의 충정도 이미 죄로 물든 다윗의 마음을 깨우치지 못했습니다.

　우리아의 말을 통해 우리는 덤으로 중요한 사실 하나를 알았습니다. 다윗 왕 때도 전쟁을 할 때 언약궤를 전장에 가지고 나갔다는 사실입니다. 전장으로 언약궤를 가지고 나간 것은 엘리의 두 아들 홉니와 비느하스 그리고 사울 왕만이 아니었습니다. 지금 언약궤는 전장에 있습니다. 다윗 성에 없습니다. 언약궤가 다윗 성에 없을 때 이 일이 일어났습니다. 이 사건과 언약궤가 다윗 성에 없었던 것을 직접 연결하기는 무리겠지만, 상징적인 의미는 있을 것 같습니다.

죄는 죄로 덮을 수 없는데, 그것을 시도한 다윗

　다음 날, 다윗은 다시 한 번 우리아를 그의 집에서 밧세바와 함께 자게 하려고 시도했지만, 소용없었습니다. 다윗은 다른 방안을 강구해야 했습니다. 다윗은 요압에게 친전 편지를 써서 우리아 손에 들려 그를 전장으로 보냅니다. 편지의 내용은 '너희가 우리아를 맹렬한 싸움에 앞세워 두고 너희는 뒤로 물러가서 그로 맞아 죽게 하라'는 것입니다. 죄는 자라는 속성이 있습니다. 지금 음행을 살인으로 덮으려고 합니다.

요압이 이것을 어떻게 생각했겠습니까? 왕의 명령이니 수행은 하겠지만, 이런 왕에게 충성하고 싶을까요? 요압과 다윗은 그렇게 편한 사이가 아닙니다. 자신을 찾아온 사울의 군대 장관 아브넬을 요압이 임의로 죽였지만, 그의 권력이 강해 다윗이 왕이었음에도 어떻게 하지 못했습니다. 그런 요압에게 이렇게 속 보이는 편지를 써서 보내니, 이것은 다윗이 요압에게 큰 약점을 잡히는 어리석은 일입니다. 평소 다윗과 같지 않게 계속 어리석은 결정을 이어가고 있습니다. 죄는 판단력을 흐리게 해 결국은 어리석은 결정을 하게 합니다.

이렇게 해서 우리아는 죽고 다윗은 우리아의 아내 밧세바를 데려다 아내로 삼습니다. 이 현장을 생생하게 기록한 사무엘하 11장은 이 사건의 총평을 "다윗이 행한 그 일이 여호와 보시기에 악하였더라" 삼하 11:27고 선명하게 기록해 놓았습니다. 하나님이 이 일을 모두 보고 계셨습니다. 다윗은 우리아가 전장에 있기 때문에 볼 수 없다고 생각했습니다. 자신의 보좌관들은 자신의 휘하에 있기 때문에 그들도 못 본 체할 것이라고 생각했습니다. 그러나 다윗은 하나님이 보고 계시다는 사실을 간과했던 것입니다.

그 다윗과 이 다윗은 동명이인이 아니라 동일인이다

에봇 앞에서 묻던 다윗, 언약궤를 메어 오며 춤을 추던 다윗, 성전을 짓겠다고 했던 다윗과는 전혀 다른 다윗의 등장은 우리를 당황스럽게 합니다. 혹시 동명이인이 아닐까 싶습니다. 그런데 성경은 그 다윗이 이 다윗이라고 분명히 말하고 있습니다. 이 사건은 '나는 백향목으로 지은 왕궁에 거하거늘 여호와의 궤는 장막 아래 있다'고 안타까워했던, 바로 그 다윗에 의해 다윗 성에서 일어난 일입니다. 사람은 이렇게 한 순간에 무너질 수 있습니다. 음행은 사람을 한순간 바보로 만들어 버립니다.

나단 선지자가 다윗을 찾아왔습니다. 성전을 짓겠다고 할 때 다윗에게 하나님의 감동을 전해 주었던 나단 선지자입니다. 선지자가 계속 복을 들고 찾아오도록 했어야 하는데, 매를 들고 찾아오도록 했습니다. 선지자는 하나님의 복을 들고 가기도 하고, 매를 들고 가기도 합니다. 나단 선지자는 이야기를 하나 만들어 다윗에게 들려주었습니다.

"¹ 한 성읍에 두 사람이 있는데 한 사람은 부하고 한 사람은 가난하니 ² 그 부한 사람은 양과 소가 심히 많으나 ³ 가난한 사람은 아무것도 없고 자기가 사서 기르는 작은 암양 새끼 한 마리뿐이라 그 암양 새끼는 그와 그의 자식과 함께 자라며 그가 먹는 것을 먹으며 그의 잔으로 마시며 그의 품에 누우므로 그에게는 딸처럼 되었거늘 ⁴ 어떤 행인이 그 부자에게 오매 부자가 자기에게 온 행인을 위하여 자기의 양과 소를 아껴 잡지 아니하고 가난한 사람의 양 새끼를 빼앗아다가 자기에게 온 사람을 위하여 잡았나이다."삼하 12:1-4

이 말을 들은 다윗이 그 사람으로 말미암아 분노를 발하며 나단에게 외쳤습니다.

"5 여호와의 살아 계심을 두고 맹세하노니 이 일을 행한 그 사람은 마땅히 죽을 자라 6 그가 불쌍히 여기지 아니하고 이런 일을 행하였으니 그 양 새끼를 네 배나 갚아 주어야 하리라." 삼하 12:5-6

사람의 양심이 무뎌지면 이 정도가 됩니다. 자기 얘기인데, 그걸 다른 사람 얘기인줄 알고 흥분해서 그를 정죄합니다. 선지자를 통해 하나님이 주시는 말씀을 자기에게 하는 말로 들어야 하는데, 죄는 그만 다른 사람에게 하는 말로 들리게 합니다. 양심이 마비되면 청각 기능도 같이 마비됩니다.

나단은 단호하게 "당신이 그 사람" 삼하 12:7이라고 외쳤습니다. 맞는 말이지만, 이렇게 말하는 것은 쉬운 일이 아닙니다. 다윗은 왕입니다. 왕에게는 권력이 있습니다. 그 권력자 앞에서 그의 죄를 들어 "당신이 그 사람"이라고 외치는 것은 용기가 필요합니다. 나단 선지자는 다윗에게 하나님의 말씀을 가감 없이 그대로 전해주었습니다.

"7 이스라엘의 하나님 여호와께서 이와 같이 이르시기를 내가 너를 이스라엘 왕으로 기름 붓기 위하여 너를 사울의 손에서 구원하고 8 네 주인의 집을 네게 주고 네 주인의 아내들을 네 품에 두고 이스라엘과 유다 족속을 네게 맡겼느니라 만일 그것이 부족하였을 것 같으면 내가 네게 이것 저것을 더 주었으리라 9 그러한데 어찌하여 네가 여호와의 말씀을 업신여기고 나 보기에 악을 행하였느냐 네가 칼로 헷 사람 우리아를 치되 암몬 자손의 칼로 죽이고 그의 아내를 빼앗아 네 아내로 삼았도다 10 이제 네가 나를 업신여기고 헷 사람 우리아의 아내를 빼앗아 네 아내로 삼았은즉 칼이 네 집에서 영원토록 떠나지 아니하리라 하셨고 11 여호와께서 또 이와 같이 이르시기를 보라 내가 너와 네 집에 재앙을 일으키고 내가 네 눈앞에서 네 아내를 빼앗아 네 이웃들에게 주리니 그 사람들이 네 아내들과 더불어 백주에 동침하리라 12 너는 은밀히 행하였으나 나는 온 이스라엘 앞에서 백주에 이 일을 행하리라 하셨나이다."_{삼하 12:7-12}

늦었지만 그래도
더 늦기 전이라 다행이다

나단의 책망에 다윗은 나단을 체포할 수도 있습니다. 시치미를 떼고 둘러댈 수도 있습니다. 그러나 다윗은 회개했습니다. 다윗은 "내가 여호와께 죄를 범하였노라"_{삼하 12:13}고 자신의 죄를 인정했습니다. 그제야 정신이 들었나 봅니다. 이런 일이 없었으면 좋았겠지만, 이런 일이 일어난 상황에서는 최선을 택했습니다. 시편 51편은 이 때 한 회개입니다.

나단 선지자는 다윗에게 "13 여호와께서도 당신의 죄를 사하셨나니 당신이 죽지 아니하려니와 ¹⁴ 이 일로 말미암아 여호와의 원수가 크게 비방할 거리를 얻게 하였으니 당신이 낳은 아이가 반드시 죽으리이다"삼하 12:13-14 하고 자기 집으로 돌아갔습니다.

다윗의 실수와 잘못은 밧세바를 범한 것이 전부가 아닙니다. 다윗은 인구조사 후에 그 일로 인해 전염병이 돌아 자기 백성 7만 명이 죽는 뼈저린 아픔을 겪었습니다. '인구조사를 했는데 왜 하나님이 이렇게 하셨을까.' 이렇게 생각하는 분들도 있습니다. 이것은 정확히 말하면 인구조사가 아니라 군인들 수 조사입니다. 하나님을 의지하고 살던 다윗이 어느 날부터 군인의 수에 관심을 갖기 시작했습니다. 신뢰의 대상이 하나님에서 군인들의 수로 옮겨 가기 시작한 것입니다. 목회를 할 때 하나님을 전적으로 의뢰하고 신뢰하던 목사님이 어느 날부터 교인 수에 마음이 가면서 교인들을 의지하는 것과 같은 현상입니다.

"너 이 사람들 믿고 개척할래, 아니면 나 믿고 개척할래."

서울광염교회를 개척한 것이 1992년 3월 28일입니다. 가정 사역을 전임으로 하려다 교회를 개척하게 되다 보니, 뭘 어떻게 해야 할지 알 수 없었습니다. 교회 개척을 앞두고 아는 사람들 이름을 쭉 적었습니다. 그리고 그 옆에 이 사람이라면 한 달에 얼마는 지원해 주겠지 하며 예상 후원금을 적어 보았습니다. 그중에는 친구도 있고 가족도 있고 전에 부목사로 시무했던 교회 교우들도 있었습니다. 모두 적은 후에 합산을 해 보니, 하나님 없이도 교회 개척을 할 수 있을 것 같았습니다. 매달 이 정도 후원금이 들어온다면 월세 내고 최소한의 생활도 가능할 것 같았습니다. '개척, 뭐 그리 어려운 일 아니군.' 이런 마음이 들면서 약간의 자신감도 생겼습니다.

그런데, 이 명단이 적힌 A4 용지를 들고 바라보고 있는데, 인구조사 보고서를 들고 군인들 수에 흐뭇해 하는 다윗이 오버랩 되었습니다. 아차 싶었습니다. 하나님이 마치 제게 직접 물으시는 것 같았습니다. "너 이 사람들 믿고 개척할래, 아니면 나 믿고 개척할래?" 아까운 마음과 아쉬운 마음이 있었지만, 그 자리에서 그 A4 용지를 찢었습니다. "네, 하나님 믿고 교회 개척하겠습니다." 이 과정을 거쳤기 때문에 교회 개척을 하면서, 여기저기 전화해서 후원 요청을 하지 않았습니다. 나중에 안 사실이지만, 그때 명단에 적으며 지원을 기대했던 사람들 중에 개척할 때 실제로 후원금 보내 준 분들이 그리 많지 않습니다. 그 명단 들고 전화 돌렸다면, 지금까지도 그분들에게 서운한 마음을 갖고 있을지 모릅니다. 그때 그걸 찢어 버리고 전화 돌리지 않은게 얼마나 다행인지요.

넘어진 다윗, 다시 일어나다

다윗은 우리아의 아내를 범한 죄, 아라우나의 타작 마당에서 하나님을 의지해야 할 자신이 군인들의 수를 의지한 죄를 철저하게 회개했습니다. 아라우나의 타작 마당을 사서 그곳에서 번제와 화목제를 드렸습니다. 그리고 그곳을 여호와 하나님의 성전이요 이는 이스라엘의 번제단이라 하였습니다. 대상 22:1 이 아라우나의 타작 마당에 그 아들 솔로몬이 성전을 지었습니다. 오늘의 황금돔 사원으로 불리기도 하는 오마르 사원 자리입니다. 성전을 짓는 것이 좋은 일이고 선한 일이지만, 그는 고집하지 않고 그것을 강행하지 않고 하나님의 말씀대로 했습니다. 다윗은 성전을 짓는데 필요한 많은 것들을 준비한 후 아들 솔로몬에게 성전 건축을 부탁하고 그의 생을 마쳤습니다.

다윗성교회

우리는 다윗을 통해 교회를 배우기 원합니다. 다윗 성을 통해 교회는 어떠해야 하는지 배우기 원합니다. 그것을 우리는 다윗성교회라고 부릅니다.

벽 있는 교회

다윗성교회는 벽이 있었습니다. 성을 보호하기 위한 벽이 있었습니다. 교회의 역할은 벽을 허는 것입니다. 맞습니다. 교회는 벽을 헐어야 합니다. 그렇다고 다 헐어서는 안 됩니다. 쌓아야 하는 벽도 있습니다. 다윗성교회가 벽을 쌓았던 것처럼 이단이나, 교회를 멸하기로 작정한 이들로부터 교회를 보호할 벽은 쌓아야 합니다. 그 벽이 있어야 합니다. 담을 헐어야 한다는 생각에, 마땅히 필요하고 있어야 할 담까지 허는 어리석음은 없어야 합니다.

언약이 중심인 교회

다윗성교회는 언약궤가 있었습니다. 언약궤가 다윗성교회 중심에 있습니다. 다윗성교회는 언약 중심 교회입니다. 말씀이 중심이 된 교회입니다. 교회의 중심에 말씀이 있어야 합니다. 교회의 중심은 말씀이신 예수 그리스도여야 합니다. 이것을 잊지 말아야 합니다. 교회가 이벤트도 필요합니다. 행사도 필요합니다. 그러나 그것이 중심이 되어서는 안 됩니다. 중심은 말씀이 되어야 합니다. 말씀이 교회의 중심추가 되어야 합니다.

모두를 품은 교회

다윗성교회는 모두의 교회입니다. 다윗성교회는 어느 한 쪽이 아니라 양쪽을 모두 포용했습니다. 그래서 다윗성교회는 교회 위치를 헤브론도 아니고 기브아도 아니고 다윗 성으로 정했습니다. 다윗은 유다 지파지만 유다 지파의 왕이 아닌 모든 지파의 왕이 되었습니다. 남자지만 남자들의 왕이 아닌 남녀 모두의 왕이 되었습니다. 교회는 모두 품어야 합니다. 남녀도 품어야 하고, 좌우도 품어야 하고, 진보와 보수도 품어야 하고, 가난한 자와 부한 자도 품어야 하고, 지위가 낮은 자와 높은 자도 품어야 합니다. 어느 특정한 사람들의 교회가 아니라 모두의 교회가 다윗성교회였습니다. 다윗성교회는 모두의 마음을 헤아리며 모두의 마음을 배려했습니다.

묻는 교회

다윗성교회는 묻는 교회입니다. 다윗이 왜 언약궤를 다윗 성으로 메어 왔을까요. 다윗이 언약궤를 다윗 성으로 메어 오자고 하면서 백성들에게 한 말, '사울 때는 궤 앞에서 묻지 않았다'는 이 말 속에 힌트가 들어 있습니다. 이 말 속에 다윗이 왜 언약궤를 다윗 성으로 갖고 왔는지가 들어 있습니다. 다윗은 여호와의 궤 앞에서 하나님께 묻기 위해 언약궤를 메어 왔습니다. 이것이 다윗 성에 언약궤를 놓은 이유입니다. 다윗의 특기 중에 하나가 하나님께 묻기입니다. 다윗의 실패에는 하나님께 묻지 않았다는 공통점이 있습니다. 목욕하는 우리아의 아내를 보고 어떻게 할지를 묻지 않았습니다. 물으면 하나님이 하지 말라고 할 것을 알아서 그랬을 수도 있습니다. 우리아의 아내가 임신했다는 사실을 알고 어떻게 처리할지 하나님께 묻지 않았습니다. 인구조사를 할 때도 다윗은 하나님께 묻지 않았습니다. 하나님께 묻지 않고 한 일들은 대부분 실패로 끝났습니다. 다윗은 시글락에서 헤브론으로 올라갈 때도 하나님께 묻고 올라갔습니다. 전쟁에 나갈 때도, 다윗은 하나님께 묻고 나갔습니다. 묻고 나간 전쟁에서는 승리했습니다. 다윗성교회는 여호와의 언약궤 앞에서 물었습니다. 언제 어느 때 무슨 일을 하더라도 물으면 승리합니다. 교회는 하나님께 끊임없이 물어야 합니다.

완전하지 않은 교회

이 땅의 교회들이 완전하지 않은 것처럼 다윗성교회도 완전하지 않았습니다. 부족함이 있었습니다. 이 땅의 교회들 안에 이런저런 문제들이 있었던 것처럼 다윗성교회에도 이런저런 문제가 있었습니다. 다윗이 왕으로 재임 중에 있었던 일들은 성경에 자세히 기록되어 있습니다. 전쟁에서 승리하기도 했고 아들이 반역을 하는 일을 겪기도 했습니다. 인생의 가는 길을 다윗도 갔습니다. 다윗도 이땅에 있는 사람들이 겪는 일들을 겪었습니다. 다윗성교회에도 문제도 있었고 갈등도 있었습니다. 배반도 있었고 배신도 있었습니다. 넘어지기도 했고 다시 일어나기도 했습니다. 하나님께 묻고 행하기도 했지만, 하나님께 묻지 않고 행하기도 했습니다. 다윗은 완전하지 않았습니다. 그럼에도 하나님은 다윗을 버리지 않으셨습니다. 하나님은 다윗과 함께하셨습니다. 고난을 이길 수 있는 힘을 주셨습니다. 아들이 반란을 일으키는 고난을 겪지만, 그 고난도 극복했습니다.

회개와 용서를 통한 회복이 가능한 교회

다윗성교회는 회개를 통한 회복이 가능한 교회였습니다. 다윗이 우리아의 아내를 범함으로 모든 것이 끝난 것 같았지만, 회개를 통해 다시 일어났습니다. 하나님을 전적으로 의지하던 때가 있는가 하면, 인구조사를 통해 전쟁에 나갈 군인들의 수를 헤아리고 든든해 하다 7만 명이 죽기도 했습니다. 다윗은 넘어지고 실족했습니다. 그러나 이것으로 끝나지 않았습니다. 다윗성교회는 그대로 주저앉지 않았습니다. 넘어졌던 다윗이 다시 일어났습니다. 다윗성교회 안에는 회개의 역사가 있었습니다. 철저한 회개를 통한 회복의 역사가 다윗성교회 안에 있었습니다. 다윗성교회 안에 용서가 있었기에 가능한 일입니다.

죄가 없으면 가장 이상적이겠지만, 죄를 지었다면 회개를 통해 회복되어야 합니다. 회개하면 용서하고, 그러면 회복되는 이 놀라운 역사가 다윗성교회에서는 가능했습니다. 다윗성교회 안에서 일어난 회개를 통한 회복의 역사, 용서를 통한 회복의 역사는 오늘 이땅에 있는 교회들 속에서도 계속되어야 합니다.

사명선언문

너희가 흠이 없고 순전하여······세상에서 그들 가운데 빛들로
나타내며 생명의 말씀을 밝혀 _ 빌 2:15-16

1. 생명을 담겠습니다
만드는 책에 주님 주신 생명을 담겠습니다.
그 책으로 복음을 선포하겠습니다.

2. 말씀을 밝히겠습니다
생명의 근본은 말씀입니다.
말씀을 밝혀 성도와 교회의 성장을 돕겠습니다.

3. 빛이 되겠습니다
시대와 영혼의 어두움을 밝혀 주님 앞으로 이끄는
빛이 되는 책을 만들겠습니다.

4. 순전히 행하겠습니다
책을 만들고 전하는 일과 경영하는 일에 부끄러움이 없는
정직함으로 행하겠습니다.

5. 끝까지 전파하겠습니다
모든 사람에게, 땅 끝까지, 주님 오시는 그날까지
복음을 전하는 사명을 다하겠습니다.

서점 안내

광화문점 서울시 종로구 새문안로 69 구세군회관 1층
02)737-2288(T) 02)737-4623(F)

강남점 서울시 서초구 신반포로 177 반포쇼핑타운 3동 2층
02)595-1211(T) 02)595-3549(F)

구로점 서울시 구로구 시흥대로 577 3층
02)858-8744(T) 02)838-0653(F)

노원점 서울시 노원구 동일로 1366 삼봉빌딩 지하 1층
02)938-7979(T) 02)3391-6169(F)

분당점 경기도 성남시 분당구 황새울로 315 대현빌딩 3층
031)707-5566(T) 031)707-4999(F)

신촌점 서울시 마포구 서강로 144 동인빌딩 8층
02)702-1411(T) 02)702-1131(F)

일산점 경기도 고양시 일산서구 중앙로 1391 레이크타운 지하 1층
031)916-8787(T) 031)916-8788(F)

의정부점 경기도 의정부시 청사로47번길 12 성산타워 3층
031)845-0600(T) 031) 852-6930(F)

인터넷서점 www.lifebook.co.kr